Topos Taschenbücher
Band 200

Gott in dieser Zeit

Eine Herausforderung der Theologie

Topos Taschenbücher

CIP-Titelaufnahme der Deutschen Bibliothek

Gott in dieser Zeit:
eine Herausforderung der Theologie. –
1. Aufl. – Mainz: Matthias-Grünewald-Verl., 1990
(Topos-Taschenbücher; Bd. 200)
ISBN 3-7867-1511-4
NE: GT

 2. Auflage 1990
Umschlag: Harald Schneider-Reckels und Iris Momtahen
Gesamtherstellung: Clausen & Bosse, Leck

Inhalt

Vorwort des Verlags

Dies ist der Band 200 der Topos Taschenbücher; gewiß keine imponierende Zahl. Aber diese Reihe war seit dem Beginn 1972 nicht auf Quantität angelegt. Ob das immer Qualität garantierte, müssen wir den Lesern überlassen, die weit über eine Million Exemplare dieser Taschenbücher gekauft haben.

Die Topos Taschenbücher sollen jenes Verlagsprofil verdeutlichen, das man mit dem Titel des vorliegenden Bandes umreißen könnte, die (immer unzulängliche) Bemühung, „Gott für die Menschen dieser Zeit" anzusagen. Das war und ist eine „Herausforderung der Theologie" in ihrer ganzen Vielfalt.

Der Band 200 bringt, nach einer Übersicht von Walter Kasper über die „Situation und Aufgaben gegenwärtiger systematischer Theologie", Auszüge, „Leseproben" aus Werken von 20 Autoren und Autorinnen des Verlags. Dabei wurden auch Texte von einigen verstorbenen Autoren wie J. A. Möhler, J. H. Newman, R. Guardini, H. Volk und J. M. Reuss einbezogen, denn sie markieren Positionen der Theologiegeschichte, die auch heute noch zur Diskussion herausfordern. Der weitaus überwiegende Teil der Texte stammt von Autoren und Autorinnen, die, das darf man wohl ohne Übertreibung sagen, in einem beträchtlichen Maß die gegenwärtige theologische Topographie bestimmen. So ist ein kleines „Lesebuch" entstanden, das die einleitende Übersicht mit Texten belegt und von den „Leseproben" zu den Werken selbst zu führen vermag.

Der Verlag dankt allen Autoren und Autorinnen für die großzügige Überlassung und teilweise Überarbeitung der Texte.

Mainz, den 1. Juli 1990

Walter Kasper

Situation und Aufgaben gegenwärtiger Systematischer Theologie

Das herausragende Ereignis in der katholischen Theologie unseres Jahrhunderts ist ohne Zweifel die Überwindung der Neuscholastik. Sie war der Versuch, angesichts der neuzeitlichen Krise der Theologie an die hochscholastische Tradition des Mittelalters anzuknüpfen und eine zeitlose, universalkirchlich normative Einheitstheologie zu begründen. Man kann diesem Versuch nicht jede Größe absprechen; auf lange Sicht mußte eine solche Restauration jedoch scheitern. Vorbereitet wurde die Überwindung der verengten neuscholastischen Perspektive bereits durch die Katholische Tübinger Schule und ihre konstruktive Weise der Auseinandersetzung mit dem neuzeitlichen Denken. Maßgebend für den Durchbruch in unserem Jahrhundert waren im deutschen Sprachraum vor allem Karl Rahner und Hans Urs von Balthasar, auch und gerade wenn sie später teilweise verschiedene Wege gegangen sind.

Es waren vielfältige inner- und außertheologische Motive, die zu diesem Umbruch geführt haben.[1] Innertheologisch ist an erster Stelle die Wiederentdeckung der Heiligen

1 Eine ausführlichere Darstellung der Entwicklung der Dogmatik: Die Methoden der Dogmatik. Einheit und Vielfalt, München 1967; Dogmatik als Wissenschaft: ThQ 157 (1977) 189–203; Art. Dogmatik, in: NHthG I (1984) 193–203; Zur Wissenschaftspraxis der Theologie, in: W. Kern, H.J. Pottmeyer, M. Seckler (Hg.), Handb. d. Fundamentaltheologie, Bd. 4, Freiburg-Basel-Wien 1988; Zur innerkirchlichen Entwicklung: Zukunft aus der Kraft des Konzils, Freiburg-Basel-Wien 1986, 49–54, 64-68.

Schrift als der Seele aller Theologie und in diesem Zusammenhang die Rezeption der historisch-kritischen Exegese innerhalb der Dogmatik zu nennen. Systematische Theologie wurde wieder, wie in der Hochscholastik, wo man sie als Sacra scriptura bezeichnete, als systematische Schriftauslegung begriffen. Dazu kamen die Entdeckungen der Reichtümer der Kirchenväter, der Hochscholastik und nicht zuletzt der Liturgie und der Hagiographie. Das alles sprengte den engen und starren Rahmen der neuscholastischen Thesen-Theologie. Die ökumenische Öffnung und der Dialog mit den nichtchristlichen Religionen sowie die Aufgabe der Inkulturation des Christentums in den nichteuropäischen Kulturen eröffnete neue Horizonte und stellte vor neue Herausforderungen. Schließlich sind das Bewußtwerden der Entfremdung zwischen Kirche und Kultur, zuerst in Europa (besonders in Frankreich) und nunmehr vor allem in Lateinamerika, und die daraus entstandenen pastoralen Bewegungen zu nennen.
Das alles sind positiv zu bewertende Neuansätze. Sie sind vom II. Vatikanischen Konzil aufgegriffen, bestätigt und weitergeführt worden. Dahinter kann und darf es kein Zurück geben. Im Gegenteil, es ist die Aufgabe der Theologie, diesen Impulsen vollends zum Durchbruch und zur Verwirklichung zu verhelfen.
Die innertheologischen und innerkirchlichen Vorgänge müssen im Kontext der Entwicklung der heutigen Welt und insbesondere der modernen Wissenschaften gesehen werden. Die Theologie lebt ja nicht unter einer Glasglocke im luftleeren Raum. Die gegenwärtige Welt ist einerseits enger zusammengerückt; die modernen Informations- und Kommunikationsmittel bringen Menschen und ihre Probleme einander näher als je zuvor. Die Frage des Friedens, der Gerechtigkeit und der Freiheit in der Welt, die Frage des Lebens und Überlebens der Menschheit in Menschlichkeit haben eine neue Dringlichkeit bekom-

men. Als Antwort hat die systematische Theologie das alte Natur-Gnade-Problem neu aufgegriffen und ein integrales Verständnis des Heils entwickelt. Neuerdings überdecken freilich öfters die konkreten und vielfach neuen ethischen Probleme die mehr grundsätzlichen systematisch theologischen Fragestellungen. Auf der anderen Seite ist die gegenwärtige Welt durch einen Pluralismus der Kulturen, Religionen, Ideologien und Wissenschaften charakterisiert, den niemand mehr auf einen Nenner bringen kann. Je mehr wir wissen, desto dümmer werden wir – bis dahin, daß wir schließlich über nichts alles wissen. So kann heute kein einzelner Theologe mehr alle für seine Theologie relevanten Daten auch nur annähernd kennen, geschweige denn, wenn er sie sich mehr oder weniger dilettantisch angeeignet hat, methodisch sachgemäß einordnen und beurteilen. Theologische Universalgenies nach Art eines Origenes, Albertus Magnus, Nikolaus von Kues sind nicht nur nicht vorhanden, sie sind auch kaum mehr vorstellbar.

Der Pluralismus ist im Grunde ein anderes Wort für das in der Theologie der 60er und beginnenden 70er Jahre viel diskutierte Phänomen der Säkularisierung.[2] Fragt man nämlich nach dem sachlichen Gehalt dieses polyfunktionalen ideenpolitischen Begriffs, dann ergibt sich, daß die Religion aufgrund der neuzeitlichen Differenzierungs- und Autonomisierungsprozesse ihre alle Bereiche der Wirklichkeit integrierende und bestimmende Funktion verloren hat und zu einem Segment und Teilbereich neben anderen, nunmehr unverbundenen und desintegrierten

2 Dazu: Art. Säkularisierung, in: Staatslexikon IV. Zu dem eng damit verbundenen Problem des Pluralismus habe ich von nordamerikanischen Theologen gelernt: B. Lonergan, Theologie im Pluralismus heutiger Kulturen (Quaest. disp. 67), Freiburg-Basel-Wien 1975; D. Tracy, The Analogical Imagination. Christian Theology and the Culture of Pluralism, New York 1981.

Lebensbereichen geworden ist. Meist wird ihr nur noch eine feierlich überhöhende, aber keine konstitutive Funktion mehr zuerkannt. Gott scheint in dieser weltlich gewordenen Welt tot, d. h. ohne Lebenskraft zu sein. So ergriffen manche Theologen die Flucht nach vorne und suchten mit Hilfe einer nichtreligiösen, rein weltlichen (anthropologisch-existentiellen, soziologisch-politischen u. a.) Interpretation dieser Relevanzkrise zu begegnen. Sie handelten sich damit freilich eine viel schlimmere Identitätskrise ein. Denn eine Theologie nach dem Tode Gottes ist schon semantisch ein Widerspruch in sich selbst, und so wundert es niemanden, daß sie inzwischen selbst schon wieder tot ist.

Sowohl die inner- wie die außertheologische Entwicklung führten zu dem für die gegenwärtige theologische Situation folgenreichsten Phänomen: zum Zusammenbruch der klassischen Metaphysik. Sie war die Wissenschaft von den letzten, alles begründenden und zusammenhaltenden Gründen, die Weisheit vom Einen und Ganzen der Wirklichkeit. Sie stellte in der gesamten bisherigen theologischen Tradition mit ihren universalen Kategorien das Instrumentarium dar, um theologisch sachgemäß und reflektiert von Gott, der einen, alles umfassenden und bestimmenden, aber auch alles übersteigenden Wirklichkeit im Medium des Denkens Rechenschaft zu geben. Die eigentliche und die tiefste Krise der gegenwärtigen Theologie besteht darin, daß es eine solche Metaphysik gegenwärtig nicht gibt. Das ist einerseits in der Philosophie begründet, die teilweise das Ende der Metaphysik proklamiert, andererseits darin, daß die Theologie die Überwindung der verengten und verkrusteten neuscholastischen Metaphysik oft zu einer grundsätzlichen Enthellenisierung und Entmetaphysizierung weitergeführt hat.[3] Das Ergebnis

3 „Dogma unter dem Wort Gottes“ (Mainz 1965) hatte eine gewisse Ten-

war dann entweder eine rein biblisch-heilsgeschichtliche oder eine praktisch-politische Theologie. Oft sind auch Hermeneutik und Sprachphilosophie oder die modernen Humanwissenschaften (bes. Soziologie und Psychologie) als Referenzwissenschaften an die Stelle getreten, die in der bisherigen Geschichte der Theologie die Metaphysik innehatte.

Das Ergebnis dieser Entwicklung ist das Ende der bisherigen monolithischen Einheit der Theologie und das Entstehen eines in dieser Art neuen, immer weniger zu durchschauenden Pluralismus innerhalb der Theologie selbst. Es ist ein Pluralismus von Disziplinen und Methoden, ihrer Spezialisierung und Differenzierung, wie ein kulturell bedingter Pluralismus neu aufkommender afrikanischer, asiatischer, lateinamerikanischer Theologien. Dieser neue Pluralismus wird von vielen als Befreiung und Aufbruch zu neuen Ufern, zu einer neuen Vielfalt und zu einem größeren Reichtum empfunden, von anderen aber als Verwirrung und Zusammenbruch, als Freibrief für Beliebigkeit und als Anfälligkeit für Moden bedauert und kritisiert. So ist es selbstverständlich, daß die „neue" katholische Theologie innerkirchlich heftig umstritten ist.

Zweifellos ist der neue Pluralismus kein rein innerakade-

denz in dieser Richtung. Die Unterscheidung (nicht Scheidung) von philosophischer und theologischer Wahrheit, so wie sie dort trotz mancher deutlicher Differenzierungen vollzogen wird, ist auch vom historischen Befund her problematisch. Deshalb die kritische Weiterführung: Das Wahrheitsverständnis der Theologie, in: E. Coreth (Hg.), Wahrheit in Einheit und Vielheit, Düsseldorf 1987. Die grundsätzliche Bedeutung einer neuen metaphysischen Grundlegung der Theologie ist freilich schon in „Das Absolute in der Geschichte. Philosophie und Theologie der Geschichte in der Spätphilosophie Schellings" (Mainz 1965) und in „Die Methoden der Dogmatik" (München 1967) klar ausgesprochen. Zur Enthellenisierungsdebatte nehmen dann „Jesus der Christus" (Mainz 1974) und „Der Gott Jesu Christi" (Mainz 1982) einen unzweideutigen Standpunkt ein.

misches Problem; er ist ein Problem der Kirche und ihres gemeinsamen Glaubens. Zentrale Glaubenswahrheiten, angefangen vom homousios (eines Wesens) des Glaubensbekenntnisses des Konzils von Nikaia (325) bis hin zur Transsubstantiationslehre des IV. Laterankonzils (1215) und des Konzils von Trient (1545–63), sprechen nun einmal die Sprache der Metaphysik. Noch grundsätzlicher ist die Frage, ob denn der eine Glaube an den einen Gott, den einen Herrn und Mittler Jesus Christus, den einen Geist, die eine Taufe in der einen Kirche nicht letztlich sprachlos und kommunikationslos, ja zur bloßen Fiktion und Chimäre wird, wenn es nicht auch die eine Theologie gibt, welche wenigstens im Zentralen und Fundamentalen eine Sprache spricht? Muß ein völlig unverbundener Pluralismus nicht auch zu einem neuen Polytheismus des „anything goes“ führen? Schließlich: Ist ein bloßer Pluralismus, der sich abschirmt und immunisiert und die Frage nach der einen Wahrheit nicht mehr streng und unerbittlich stellt, nicht viel statischer und steriler als alles, was er zu überwinden vorgibt? Gibt es nicht auch transkulturelle, menschliche Werte, und sind wir nicht gerade in der gegenwärtigen Menschheitssituation geradezu auf Gedeih und Verderb darauf angewiesen, die transkulturelle Würde aller Menschen bewußt zu machen und in einer universalen menschlichen Solidarität zu verwirklichen?
So stellt sich die Frage: Wie kann die Theologie universal sein und doch dem nicht aufhebbaren Pluralismus der Sprachen und Kulturen wie der legitimen Autonomie der einzelnen Sachbereiche Rechnung tragen? Wic kann sie pluralistisch sein, ohne relativistisch zu werden? Wie läßt sich legitime Vielfalt und notwendige Einheit der Theologie miteinander verbinden? Dazu kommt eine zweite Frage: Wie kann die Theologie aus dem Identitäts-Relevanz-Dilemma, in welchem sie sich befindet, herauskommen? Wie kann sie der tödlichen Logik entgehen, entwe-

der ihre Relevanz auf Kosten der Identität oder ihre Identität auf Kosten der Relevanz und um den Preis des Rückzugs ins Getto zu bewahren? Ohne klare, deutliche eigene Identität gibt es keine Relevanz; ohne Relevanz gibt es freilich auch keine Identität.

Ein Zurück ins Getto der alten Schultheologie ist ausgeschlossen. Die Entwicklung der letzten Jahrzehnte enthält auf lange Sicht zu viele positive und verheißungsvolle Neuansätze, und der gegenwärtigen Situation und ihren Herausforderungen können wir ohnedies nicht davonlaufen. Es ist sogar eine Überlebensfrage der katholischen Theologie, daß sie sich vollends aus dem Gefängnis des neuscholastischen Systems befreit. Theologie – zumal Theologie in der Tradition der Katholischen Tübinger Schule – ist nur im offenen Strom der Zeit möglich.[4] Die Einheit der Theologie kann heute nicht mehr die Einheit eines monolithischen Systems sein; sie kann und muß aber darin bestehen, daß die verschiedenen Theologien untereinander dadurch kommunizieren, daß sie sich auf einen gemeinsamen „Gegenstand" beziehen und sich dafür gemeinsamer Grundprinzipien bedienen. Weiterführend kann deshalb nur eine Besinnung auf die gemeinsamen Prinzipien katholischer Theologie sein. Drei Prinzipien sind es, welche für die Tübinger Tradition maßgebend sind: Kirchlichkeit, Wissenschaftlichkeit und praxisorientierte Offenheit für die Fragen der Zeit.

1. Das Prinzip der Kirchlichkeit ist der katholischen Theologie in besonderer Weise eigen. Es ist darin begründet, daß wir das Evangelium von Gottes befreiender Heilstat in Jesus Christus wie dessen Ur-kunde in der Heiligen Schrift nur im Zeugnis und durch das Zeugnis der

4 Vgl. Verständnis der Theologie damals und heute, in: Glaube und Geschichte, Mainz 1970, 9–32.

Kirche besitzen. Sie ist der konkrete Ort der Wahrheit. In klassischer Weise formulierte J. A. Möhler den Einwand wie die Begründung zu dieser These: „Ich höre die Verachtung aussprechenden Worte: Nichts als Kirche, Kirche, Kirche; und ich antworte: Es ist nicht anders und kann nicht anders sein; denn ohne Kirche haben wir keinen Christus und keine Heilige Schrift... Es gibt keinen andern, als den apagogischen Beweis, der darin besteht, daß ein jeder Versuch, sich in anderer Weise die Gewißheit von dem Besitz der wahren Lehre Christi zu verschaffen, in sich selbst unverständlich, unhaltbar, ja unmöglich ist... Warum aber kein anderer Beweis möglich sei, ist bereits angegeben; denn die Voraussetzung aller Voraussetzungen kann nicht selbst auch eine Voraussetzung haben."[5]

Theologie ist also nur innerhalb der *communio* der Kirche, auf der Grundlage und unter der Norm von deren lebendiger *traditio* möglich. Theologie ist sozusagen die reflektierte *memoria* der Kirche. Diese Einsicht unterscheidet die genuine Tübinger Tradition von liberaler Theologie, mit der man sie zu Unrecht manchmal verwechselt[6], ebenso wie von einem starren und versteinerten Dogmatismus.[7] Recht verstandene Kirchlichkeit bedeutet nämlich nicht Bindung an ein abstraktes Lehrsystem, sondern

5 J. A. Möhler, Neue Untersuchung der Lehrgegensätze zwischen den Katholiken und Protestanten, Mainz 1835, 482f.

6 Zur Auseinandersetzung mit der Position von H. Küng: Christologie von unten? Kritik und Neuansatz gegenwärtiger Christologie, in: L. Scheffczyk (Hg.), Grundfragen der Christologie heute (Quaest. disp. 72), Freiburg-Basel-Wien 1975, 159–165; 179–183; Christsein ohne Tradition?, in: Diskussion über Hans Küngs „Christ sein", Mainz 1976, 19–34. Wichtig ist in diesem Zusammenhang außerdem: Wissenschaftliche Freiheit und lehramtliche Bindung der katholischen Theologie: Essener Gespräche Bd. 16, Münster 1982, 12–44.

7 Zuletzt habe ich mich zur Frage des Dogmas geäußert in dem Art. Dogma/Dogmenentwicklung, in: NHthG (1984) 176–193.

eine Einbindung in einen lebendigen Traditions- und Kommunikationsprozeß, in welchem das eine Evangelium Jesu Christi ausgelegt und vergegenwärtigt wird. Damit ist die schlechte Alternative zwischen einem subjektivistischen und einem objektivistischen Wahrheitsverständnis überwunden. Das umgreifende Wir der Kirche ist das Subjekt des Glaubens und der Ort der Wahrheit.[8] Überlieferung ist darum immer lebendige Überlieferung zu beständiger Gegenwart, bei der die Interpretation die Bedingung der Tradition ist.

Innerhalb dieses Tradierungsprozesses nimmt das Dogma zwar einen besonderen Platz ein, es ist jedoch keineswegs dessen einzige, und nicht einmal dessen wichtigste Gestalt. Das Dogma will ja als verbindliche kirchliche Schriftinterpretation verstanden werden; es muß deshalb selbst wiederum von der Schrift her interpretiert werden. Vor und neben dem Dogma stehen vielfältige andere Tradierungsgestalten, allen voran die Liturgie, die alltägliche Verkündigung und das alltägliche gelebte Zeugnis des Glaubens. Die grundlegende und bis heute allen Kirchen gemeinsame Gestalt der kirchlichen Schriftinterpretation ist das Credo der Kirche. Die einzelnen Dogmen wollen die darin enthaltenen Glaubensartikel weiterentfalten; die einzelnen Dogmen müssen darum innerhalb auch der Gesamtstruktur des Credo interpretiert werden. Aus alledem ergibt sich, daß die Lehre der Kirche ein vielschichtiges und vieldimensionales Ganzes ist. Man nennt dies mit dem Vatikanum II die Hierarchie der Wahrheiten, innerhalb derer die einzelnen Wahrheiten nicht nur gezählt, sondern je nach ihrer Nähe zum gemeinsamen Fundament in Jesus Christus auch gewichtet werden müssen.

8 Das hat vor allem und mit Recht J. Ratzinger herausgestellt: Theologische Prinzipienlehre. Bausteine zur Fundamentaltheologie, München 1982.

Bei der Aufgabe einer solchen lebendigen Interpretation der Tradition kommt der Theologie eine wichtige, relativ eigenständige Funktion innerhalb der Kirche zu. Diese Aufgabe verlangt vom katholischen Theologen weit mehr als einen nur äußeren, mehr oder weniger formalen Gehorsam gegenüber dem kirchlichen Lehramt. Dieser muß immer dann als anstößig und befremdend empfunden werden, wenn er aus dem Ganzen isoliert und sozusagen als dessen letzter Rest stehen bleibt. Dann wird er in der Tat unverständlich und beschwerlich. In Wirklichkeit bedarf es aber eines *sensus fidei* und eines umfassenden *sentire ecclesiam*. Dies ist nur durch das Leben in und mit der konkreten Kirche, ihren Gemeinden und Gemeinschaften möglich.

Kirchlich und katholisch ist eine Theologie, solange sie an den Kommunikations- und Konsensprozessen in der Kirche teilnimmt, solange sie sich also von anderen Theologien und von anderen Charismen und Diensten in der Kirche ergänzen, und wenn es sein muß, auch einmal korrigieren läßt, solange sie sich also in einer u. U. spannungsvollen Weise in das Ganze des Katholischen einfügt. Die Grenze verläuft dort, wo aus der polaren Spannung der nicht mehr integrierbare Widerspruch wird. Dies geschieht dort, wo der einzelne sein eigenes privates Urteil verabsolutiert und daran hartnäckig festhält. Wo dies geschieht, setzt er seinen Egoismus an die Stelle der ekklesialen *communio* [9]; damit ist das Grundprinzip des Katholischen verletzt, ja aufgegeben. Der Kirche bleibt in einer solchen schmerzlichen Situation um der Eindeutigkeit ihres Zeugnisses wie um ihrer inneren Einheit willen als ultima ratio nichts anderes übrig als die Negation der Negation, und das heißt die ver-

9 So J. A. Möhler, Die Einheit in der Kirche oder das Prinzip des Katholizismus (1825), hg. von J. R. Geiselmann Köln-Olten 1957, 100f, 109, 131, 147ff, 152ff.

schärfte Affirmation ihrer Position. Schmerzlich ist ein solcher Vorgang vor allem deshalb, weil dabei nicht selten auch die *particula veri* der ausgeschlossenen Position innerkirchlich desavouiert und verdrängt wird. So zahlt auch die *communio* der Kirche jeweils ihren Preis. Indes verletzt sie damit, zumal in unserer pluralistischen Gesellschaft, niemandes Freiheit, sie macht nur von ihrer eigenen Freiheit und Vollmacht Gebrauch, das Evangelium zu verkünden, und sie wahrt damit zugleich das Recht aller anderen, von ihr und in ihr das ganze und unverkürzte Evangelium zu hören.

2. Katholische Theologie ist mitnichten allein durch ihren Kirchenbezug charakterisiert. Zum Prinzip der Kirchlichkeit kommt das der Wissenschaftlichkeit. Der christliche Glaube ist ja nicht ein Glaube an die Kirche, sondern ein Glaube, der sich in und mit der Kirche auf Gott selbst richtet, näherhin auf den Gott, der sich uns durch Jesus Christus im Heiligen Geist mitteilt. Deshalb geht die Theologie zwar vom Zeugnis der kirchlichen Tradition aus und ist bleibend daran gebunden; diese ist aber, eben weil sie wahr ist, dadurch definiert, daß sie über sich hinaus und in die je größere Wahrheit Gottes hineinweist. Der eigentliche Gegenstand der Theologie ist darum nicht der Glaube der Kirche, sondern die in den Glaubenszeugnissen der Kirche bezeugte Wahrheit von der Selbstoffenbarung Gottes. Dieser Bezug macht die Theologie erst zur Theo-logie; er macht – ganz in der Tradition des Thomas von Aquin – sozusagen eine theologische Theologie erforderlich.[10] Dieser eine und einheitliche Bezug gibt auch den einzelnen Aussagen der Theologie ihre innere Einheit, Stimmigkeit, Kohärenz, Intelligibilität und Plausibilität. Er gibt der Theologie schließlich eine relativ eigenstän-

10 Dazu Art. Dogmatik, in: NHthG I (1984) 196f, 201f. In dieser Frage wurde ich zunehmend beeinflußt vom Werk von H. U. von Balthasar.

dige, ja kritische Position gegenüber einzelnen Traditionen, welche dieser Wahrheit nicht oder nur halb entsprechen; auch und gerade eine theologische Theologie ist eine kritische Theologie.

Der Glaube an Gott ist seinem Wesen nach ein freier Akt des Menschen, zu dem niemand gezwungen werden darf und niemand gezwungen werden kann. Als freier Akt ist der Glaube nur dann auch ein menschenwürdiger Akt, wenn er kein *sacrificium intellectus*, sondern ein vernunftgemäßer Gehorsam gegenüber der Wahrheit ist. Sosehr der Glaube also ein ganz und gar vom Licht der Gnade getragener Akt ist, sosehr ist er doch auch ein ganz und gar menschlicher Akt, der sich im Medium menschlichen Hörens, Verstehens, Denkens, Wollens, Fühlens und Sprechens vollzieht. Die Theologie reflektiert diese innere Logik des Glaubens. Das Programm der Theologie lautet entsprechend: *fides quaerens intellectum* (Anselm von Canterbury). Dieses Programm kann die Theologie nur dadurch verwirklichen, daß sie sich dem Gespräch mit den anderen Wissenschaften stellt und vor dem Forum der Vernunft öffentlich von der christlichen Hoffnung Rechenschaft gibt (1 Petr 3,15). Darin ist sie auch heute dem Geist ihres großen Meisters Thomas von Aquin verpflichtet.

Für das Mittelalter und bis tief in die Neuzeit hinein war es für die Theologie freilich kein Problem, sich mit ihrem auf sicheren Prinzipien beruhenden, in sich zusammenhängenden Wissen als Wissenschaft zu behaupten. Schwierig wurde dies für die Theologie in dem Maß, als sich die anderen Wissenschaften von den bis dahin gemeinsamen philosophischen Voraussetzungen emanzipierten und das naturwissenschaftliche Wissenschaftsideal immer mehr als das fast allein gültige erscheinen konnte. Auch die Geisteswissenschaften gerieten dadurch in nicht unerhebliche Schwierigkeiten. In den 70er Jahren hat sich die Theologie

den neuen wissenschaftstheoretischen Herausforderungen gestellt.[11] Aus der damaligen Auseinandersetzung sind verschiedene neue Paradigmen katholischer Theologie hervorgegangen:
Praktisch allgemein aufgegeben ist das neuscholastische Paradigma, welches unbeirrt am (überdies einseitig interpretierten und aufklärerisch verfälschten) mittelalterlichen Wissenschaftsverständnis festhielt. Es war die große Leistung von K. Rahner, daß er die Theologie auf eine neuzeitliche Tonart umstimmte, indem er die neuzeitliche Subjektphilosophie in eigenständiger Weise aufgriff und eine anthropologisch gewendete Theologie konzipierte.[12] In verwandter Weise entwarf etwa gleichzeitig R. Bultmann eine existentiale Interpretation des Neuen Testaments. Doch bereits die Schüler Rahners, besonders J.B. Metz, kritisierten das idealistisch-transzendentale Paradigma, weil es nach ihrer Überzeugung unausgesprochen am bürgerlichen Subjekt orientiert war und die historischen, ökonomischen, sozialen, politischen Bedingungen des Subjektseins nicht hinreichend in Rechnung stellte. Sie versuchten, die damals im Gang befindliche Rehabilitierung der praktischen Philosophie aufzugreifen und die Gottesfrage im Horizont des Theorie-Praxis-Problems neu aufzuwerfen. Es sei dahingestellt, welche anderen, nicht- oder nachbürgerlichen „Ideologismen" vor allem bei der Rezeption dieser politischen, am Paradigma kommunikativer Freiheitspraxis entworfenen Theologie mitspielten. Ohne Zweifel hat sie gegenüber manchen Engführungen des transzendentalen und existentialen Pa-

11 Zu nennen ist besonders: W. Pannenberg, Wissenschaftstheorie und Theologie, Frankfurt a.M. 1973; H. Peukert, Wissenschaftstheorie – Handlungstheorie – Fundamentale Theologie, Düsseldorf 1976.

12 Zum tiefgreifenden Einfluß und zur bleibenden Dankbarkeit gegenüber der Theologie von K. Rahner: Theologie in einer Zeit des Umbruchs, in: ThQ 159 (1979) 263–271.

radigmas den theologischen Horizont erweitert; andererseits klammert sie aber auch wesentliche Wirklichkeitsdimensionen aus. Dazu gehören vor allem die naturalen Vorgegebenheiten und Bedingungen menschlicher Freiheit. Sie sind nicht nur im Zusammenhang des neu erwachten ökologischen Bewußtseins, der Diskussion um Leben, Schutz des Lebens und menschenwürdiges Überleben sowie des dringend notwendigen, aber arg vernachlässigten Gesprächs mit den modernen Naturwissenschaften – nach wie vor der harte Kern der Neuzeit (C. F. von Weizsäcker) – wichtig. Sie sind auch wichtig für die immer dringender werdende Begegnung mit den nichtchristlichen Religionen und mit der gegenwärtig aufkommenden – meist recht diffusen – neuen Religiosität.

Ein das Ganze der Wirklichkeit auf seine letzten Gründe bedenkendes Denken heißt in der Sprache der abendländischen Philosophie Metaphysik. Sie ist erste Philosophie; bestreiten kann man sie darum nur, wenn man selbst Metaphysik, dann eben eine andere Metaphysik treibt. Es hilft deshalb nicht, um die Metaphysik einen Bogen zu machen wie um einen Pestkranken; es verschlägt auch nicht, sie einfach als Ausdruck bürgerlichen Bewußtseins zu diffamieren. Wer nicht gelernt hat, bestimmte, zweifellos immer vorhandene Bedingungen und Entstehungsgründe eines Denkens von dessen Sach- und Geltungsgründen zu unterscheiden, der hat die Ebene der Metaphysik noch nicht einmal erreicht; er verschleiert nur seine eigene unausgesprochene vorausgesetzte Metaphysik. Die Theologie jedenfalls kommt, wenn sie von Gott als der alles bestimmenden, alles übergreifenden und begründenden Wirklichkeit reden will, nicht umhin, zwar nicht eine bestimmte, auch nicht unbedingt eine einheitliche, wohl aber jeweils eine Metaphysik vorauszusetzen, welche aufgrund ihres Bezugs auf den letzten Grund aller Wirklichkeit zugleich offen ist für das Gespräch mit anderen metaphysischen Ansätzen. Die Metaphysik ist zweifellos nicht der Grund und Boden, aus dem die Theologie ihre Nahrung und Kraft zieht, wohl aber die Luft, in der sie allein atmen kann. Ohne sie kommt es zu Entzugserscheinungen und zu Erstickungsanfällen. Man kann diese Luft deshalb auch nicht durch ein neuartiges künstliches Gemisch aus Sozial- und Wissenschaftstheorie ersetzen.[13]

Wir haben hier nicht zu entscheiden, welche Metaphysik heute in Asien, Afrika oder Lateinamerika theologisch von Belang ist. Wir sind unserer eigenen europäischen Tradition im Übergang vom zweiten zum dritten Jahrtausend verpflichtet und müssen versuchen, von da aus mit den Theologien anderer Kontinente ins Gespräch zu kommen. Das Grundcharakteristikum unserer nachidealistischen Situation seit der Spätphilosophie Schellings bei Kierkegaard, Marx, Nietzsche, Heidegger bis hin zu den Denkern der „Postmoderne" ist das Bewußtwerden von der unableitbaren und unvordenklichen Faktizität und Kontingenz der Wirklichkeit.[14] Der Primat des Seins vor dem Tun ist damit wieder neu ins Bewußtsein gerückt. Eine neue Ehrfurcht vor dem, was ist, beginnt gegenüber dem gigantischen Mach- und Machtwillen der Neuzeit wieder in den Vordergrund zu treten. Damit ist die metaphysische Frage in neuer Weise gestellt.

13 Vgl. H. Krings, Art. Philosophie, in: NHthG III, 361 (allerdings in bezug auf Philosophie allgemein).

14 Dies ist das Ergebnis meiner Auseinandersetzung mit Schelling in „Das Absolute in der Geschichte" und „Freiheit als philosophisches und theologisches Problem in der Philosophie Schellings" (Glaube und Geschichte 33–47). Systematisch aufgegriffen in: „Einführung in den Glauben" (bes. 36ff; 138ff), „Jesus der Christus" (62ff), „Der Gott Jesu Christi" (140ff).

Unter dem Stichwort „Glaube und Geschichte" geht es deshalb um ein theologisches Paradigma, welches vom Wechselbezug des Subjekts mit der ihm vorgegebenen und zur Verantwortung aufgegebenen Wirklichkeit ausgeht. Ausgangspunkt ist also nochmals die Freiheit; sie ist der Kern neuzeitlicher Geschichtsphilosophie. Aber es geht nicht mehr um eine abstrakte Freiheit, sondern um die konkrete geschichtlich existierende Freiheit des Menschen. Solche geschichtlich bedingte und kontingente Freiheit, die gleichwohl mit dem Anspruch auf unbedingte Würde auftritt, kann sich nicht selbst vollenden und erfüllen. Sie kann ihre Erfüllung nur in „etwas" finden, das selbst nicht nur dem Anspruch, sondern auch der Wirklichkeit nach unbedingt und unendlich ist. So verweist die Freiheit des Menschen auf unbedingte und vollkommene Freiheit als ihren letzten Grund und letzte und endgültige Erfüllung.[15] Man wird dieses Paradigma, da der Primat des Seins vor dem Tun gilt, zwar nicht als Theologie der Befreiung[16], aber sehr wohl als Theologie geschichtlich existierender, verantwortlicher Freiheit bezeichnen können. Jede Befreiung des Menschen setzt dessen Freiheit voraus. Umgekehrt wird eine Theologie, welche im Paradigma der konkreten, geschichtlich exi-

15 Dies habe ich mehrfach im Anschluß an H. Krings und an R. Spaemann aufzuzeigen versucht: u. a. Jesus der Christus, 62ff; Der Gott Jesu Christi, 136ff. Eine solche nicht von der Erfahrung der Natur (physis), sondern von der geschichtlich situierten Freiheit ausgehende Metaphysik habe ich gelegentlich auch als Metahistorik bezeichnet. Sie will vor allem die ontologische und theologische Differenz zur Geltung bringen. Den Ansatz von H. Krings hat vor allem Th. Pröpper, Erlösungsglaube und Freiheitsgeschichte. Eine Skizze zur Soteriologie, München 1985, theologisch fruchtbar gemacht.

16 Zu einer wohlwollend kritischen Einstellung zur Theologie der Befreiung: Die Theologie der Befreiung aus europäischer Perspektive, in: J.B. Metz (Hg.), Die Theologie der Befreiung. Hoffnung oder Gefahr für die Kirche?, Düsseldorf 1986, 77–98.

stierenden Freiheit denkt, zugleich für humane und freiheitliche Bedingungen des Menschen sich engagieren. Das führt zum dritten Grundprinzip katholischer Theologie.

3. Die etwas ausführlich geratenen Überlegungen zur Wissenschaftlichkeit der katholischen Theologie waren notwendig, um zugleich die Grundlagen für deren drittes Grundprinzip zu legen: praxisorientierte Offenheit für die Probleme der Zeit.[17] Die Pastoralkonstitution „Gaudium et spes“ hat die Tür für diesen dritten Aspekt weit aufgestoßen. Dennoch ist nicht zu leugnen, daß es bezüglich der Offenheit der Theologie in den letzten 20 Jahren vielerlei Irrungen und Wirrungen gegeben hat. Das ehrlich festzustellen, heißt nicht, das bleibend berechtigte Anliegen selbst in Mißkredit zu ziehen. Theologie geschieht ja nicht im luftleeren Raum, und sie ist kein akademisches Glasperlenspiel. Sie ist zwar niemandes Magd, aber auch kein privilegierter exklusiver Club. Ihr kommt öffentliche Verantwortung zu; sie steht nicht nur in der akademischen, sondern auch in der kirchlichen und gesellschaftlichen Öffentlichkeit.

Der Praxisbezug der Theologie ist zunächst unabdingbar verwurzelt in der Glaubens-, Lebens-, Verkündigungs- und Gottesdienstpraxis der Kirche, ihrer Gemeinden und Gemeinschaften, und sie ist auch wiederum kritisch-begleitend wie positiv-inspirierend darauf bezogen. Praktische Wissenschaft ist sie dabei vor allem im Sinne des Praxisbegriffs der augustinisch orientierten Scholastik. Die Theologie soll nämlich nicht nur theoretisch-spekulative Einsicht vermitteln, sie zielt vielmehr auf konkrete Praxis von Glaube, Hoffnung und Liebe. Wie armselig nehmen sich unter diesem Gesichtspunkt viele dickleibige gelehrte

17 Zum Praxischarakter der Theologie: Zur Wissenschaftspraxis der Theologie, in: Handb. d. Fundamentaltheologie, Bd. 4 (vgl. o. Anm. 1).

Schmöker aus, und mit welchem Recht klagen gegenwärtig viele Studierende und viele „einfache“ Christen diese, in unserem durchschnittlichen akademischen theologischen Betrieb sträflich vernachlässigte spirituelle und mystische Dimensionen ein![18]

Praktisch ist die Theologie auch dadurch, daß sie auf die persönliche wie gesellschaftliche Lebenspraxis, deren Erfahrungen und Probleme bezogen ist. Dabei gilt es nicht nur, die Welt im Licht des Evangeliums, sondern auch das Evangelium im Licht der „Fremdprophetie“ der Welt tiefer zu verstehen. Bei dieser Aufgabe ist die Theologie jeweils auch ein Teil der Kultur ihrer Zeit und ihres Lebensraumes; sie wird, bewußt oder unbewußt, von deren Vorurteilen und oft handfesten Interessen geleitet. Diese gilt es, um der Universalität und Katholizität der Theologie selbst willen, vor allem im Gespräch mit den Theologen anderer Ortskirchen selbst- und ideologiekritisch zu reflektieren, um so verantwortlich auf die eigene Situation reagieren zu können.

Diese Offenheit für die Probleme der Zeit kann selbstredend nicht eine beliebige Offenheit sein. Sie ist sowohl als dialogische wie als missionarische Offenheit zu beschreiben. Beides bildet keinen Gegensatz, wie im Grunde nur oberflächliche Geister meinen. Wahrer Dialog besteht ja eben darin, dem anderen etwas von sich, ja sich selbst mitzuteilen. In diesem Sinn hat die Theologie der Kirche konkrete Wege zu erschließen, wie sie universales Sakrament des Heils für die Welt von heute sein kann. Auch wenn dies in concreto in erster Linie in den Aufgabenbereich der Moraltheologie und der Praktischen Theologie fällt, so schlagen die entsprechenden Grundlagenprobleme doch voll in die Fundamentaltheologie und in die

18 Dazu: Theologie und Heiligkeit, in: W. Kasper (Hg.), Sie suchten die Wahrheit, Mainz 1985, 7–16.

Dogmatische Theologie durch. Leider ist das interdisziplinäre Gespräch innerhalb der Theologie darüber in den letzten Jahren eher abgebrochen als neu aufgenommen worden. Die Einheit der Theologie in der Vielheit ihrer Disziplinen ist gegenwärtig ein dringendes, aber unerledigtes Problem, bei dem sich im Augenblick nur ganz wenige praktikable Lösungsansätze ausfindig machen lassen.

Untauglich zur Lösung der angesprochenen Probleme ist sicherlich das alte integralistische Modell. Es wollte aus theologischen Prämissen unmittelbar konkrete innerweltliche Handlungsanweisungen ableiten und verkannte damit die vom letzten Konzil hervorgehobene legitime Autonomie der innerweltlichen Sachbereiche. Genauso untauglich ist freilich das funktionale Modell, welches die Kirche in einen Sonderbereich verbannt und nur noch funktional in Anspruch nimmt, sei es bürgerlich zur feierlichen Überhöhung besonderer Lebenssituationen oder als Trost angesichts der nicht abschaffbaren Kontingenz des Daseins, sei es mehr radikal zu einer Art Lokomotivfunktion zur Umgestaltung der gesellschaftlichen Verhältnisse. Die Durchdringung der Welt mit dem Licht und der Kraft des Evangeliums von innen her, von der das II. Vatikanum spricht, erfordert ein drittes Modell, das man als das der christlichen Weltverantwortung bezeichnen kann. Letztlich geht es dabei um die Verbindung von zwei sich in der gegenwärtigen Theologie noch ziemlich schroff gegenüberstehenden Entwürfen: das schöpfungstheologische Denken, das von den relativ eigenständigen schöpfungsmäßigen Ordnungen ausgeht, und die geschichtlich bestimmte Theologie der Befreiung. Nimmt man freilich den thomanischen Grundsatz, wonach die Gnade die Natur voraussetzt und vollendet, ernst, dann muß man ihn auch auf das Verhältnis von biblisch verstandener Befreiung und menschlicher Freiheit und den Ordnungen, in de-

nen diese existiert, anwenden.[19] Erst aus einer solchen Zusammenschau ergäbe sich ein ganzheitliches Verständnis von Heil und Befreiung. Der theologische Ansatz dazu liegt in einer Weisheitschristologie und -theologie; aber auch hier sind wir über erste Ansätze und Vorüberlegungen bisher nicht hinausgekommen.[20] Die Krise in der Vermittlung der kirchlichen Moral belegt diese weithin ungelösten Probleme von der praktischen Seite her in bestürzender Weise.
Im praktischen Verhältnis zwischen Kirche und Gesellschaft tut sich gegenwärtig also noch ein weites, zerklüftetes und nur schwer zu beackerndes Feld künftiger theologischer Arbeit auf. Die Aufarbeitung dieses Defizits ist um so dringlicher, als Evangelisierung und Inkulturation heute längst nicht mehr nur eine Aufgabe in den traditionellen Missionsländern der südlichen Hemisphäre sind. In Europa ist in den beiden letzten Jahrhunderten eine neue Kultur entstanden, die bislang im Grunde noch wenig vom Geist des Evangeliums durchdrungen ist. Die Kluft zwischen Glaube und moderner Kultur ist geradezu *das* Drama unserer Epoche. Soll Europa nicht seine Seele verlieren, dann bedarf es einer Neuevangelisierung und einer neuen Inkulturation des Christentums.

Besteht für ein solches Programm überhaupt eine Chance? Diese Frage will selbstverständlich nicht den unbegrenzten Möglichkeiten Gottes und den unerforschlichen We-

19 Eigene schüchterne Ansätze: Die weltverwandelnde Kraft christlicher Liebe. Grundsatzüberlegungen zum Verhältnis von Christentum und Gesellschaft, in: K. Hemmerle (Hg.), Liebe verwandelt die Welt, Mainz 1980, 25–52.
20 Dazu: Gottes Gegenwart in Jesus Christus. Vorüberlegungen zu einer weisheitlichen Christologie, in: Weisheit Gottes – Weisheit der Welt. Festschrift für Kard. J. Ratzinger, St. Ottilien 1987.

gen seiner Vorsehung vorgreifen. Sie sucht bescheiden, die geschichtlichen Zeichen und Spuren der Wege Gottes zu erkennen und damit die menschlichen Möglichkeiten zur Verwirklichung seines Heilswillens zu ergründen. So führt sie uns zu der eingangs beschriebenen Situation des Pluralismus in einer säkular gewordenen Welt ohne Gott zurück. Wir können die Entwicklung, welche dazu geführt hat, sicherlich nicht einfach rückgängig machen, und in vieler Hinsicht wollen wir es auch gar nicht. Wie können wir also in dieser Situation Theologen sein, die in einer die Menschen betreffenden und die Welt verwandelnden Weise von Gott Zeugnis geben?

Es geht hier nicht um eine umfassende Antwort. Sie ist ohnedies nicht möglich. Wir beschränken uns auf einen einzigen Hinweis: Die Theorie von der irreversibel fortschreitenden Säkularisierung hat sich offensichtlich nicht bewährt. Religionssoziologen sprechen inzwischen vom Fortbestand der Religion. Eine neue, meist recht diffuse, oft auch fundamentalistische religiöse Postmoderne scheint wieder zum Mythos, teilweise sogar zum Obskurantismus zurückzukehren.[21] Ein nicht weniger gefährlicher Obskurantismus begegnet freilich in manchen kirchlichen und theologischen Kreisen: der Obskurantismus einer blasierten skeptischen Spätaufklärung, die nicht begreifen mag, wovon sonst alle Welt spricht. Es scheint nämlich in der Tat so zu sein, daß die Gottesfrage die Frage des nächsten Jahrhunderts sein wird (J. Illies).

Hinter dieser Bewegung des Zeitgeistes stehen, wie immer bei solchen Vorgängen, vielschichtige Motive, teil-

21 Dazu: W. Oelmüller (Hg.), Wiederkehr von Religion? Perspektiven, Argumente, Fragen, Paderborn-München-Wien-Zürich 1984; P. Koslowski (Hg.), Die religiöse Dimension der Gesellschaft, Religion und ihre Theorien, Tübingen 1985.

weise auch wenig erfreuliche. Ein entscheidendes Motiv ist sicherlich die leidvolle Erfahrung und die späte Einsicht, daß eine pluralistische säkularisierte Welt selbst keine Letztbegründung ihrer Werte und Institutionen zu geben vermag. Sie weist ein Legitimationsdefizit auf und vermag das tief verwurzelte Suchen und Streben des Menschen nach Einheit und Versöhnung, das zugleich ein Verlangen nach Erlösung ist, nicht zu befriedigen. Im Gegenteil, die moderne Welt in ihrer manchmal banalen Eindimensionalität schafft die besten Voraussetzungen für ein neues, oft schwärmerisches Suchen nach neuer Religiosität.

Der Auftrag des Theologen ist selbstredend von solchen oft kurzlebigen „Wellen“ unabhängig. Er hat zu sprechen „opportune – importune“. Dazu hat er gegenwärtig reichlich Gelegenheit. Denn auch die Kirchenväter knüpften keineswegs an der mythischen Theologie von damals an, auch nicht an der damit eng verwandten politischen Theologie. Sie griffen die im damaligen Sinn aufgeklärte philosophische Theologie der Stoa, des Platonismus und später des Aristotelismus auf, welche das Erbe des Mythos in kritischer und reflektierter Weise aufbewahrten.[22] Solche kritische Scheidung und Unterscheidung ist auch der heutigen Thèologie vonnöten. Ohne dem inzwischen schon fast obsolet gewordenen Rationalismus zu verfallen, muß sie heute schon wieder das Anliegen der Rationalität der Religion und der Wirklichkeit verteidigen. Denn der Irrationalismus hat schon in der bisherigen Geschichte der Menschheit wie der Kirche jeweils das größere Unheil angerichtet. Es ist freilich eine Rationalität vonnöten, welche nicht skeptisch und letztlich substanzlos alles in Frage zieht, welche vielmehr aus der Substanz des Glaubens lebt

22 Dazu: Christentum und Mythos, in: P. Koslowski (Hg.), Die religiöse Dimension der Gesellschaft, 264–271.

und sie ins Licht zu stellen und zum Leuchten zu bringen sich bemüht. „Fides quaerens intellectum“, „Glaube, der nach Verstehen sucht“, das ist das große Programm der Theologie auch heute. Es ist zugleich das Programm eines neuen Humanismus.

Aus: W. Kasper, Theologie und Kirche, Mainz 1987.

Johann Adam Möhler

Schrift und Tradition

Da das Christentum als ein den Menschen gegebenes neues, göttliches Leben betrachtet wird, nicht als ein toter Begriff, so ist es einer Entwicklung und Ausbildung fähig, deren befördernde Elemente später werden angeführt werden. Die Identität des Bewußtseins der Kirche in den verschiedenen Momenten ihres Seins erfordert also keineswegs ein mechanisches Stehen desselben: *Die innere Lebenseinheit muß bewahrt werden, sonst wäre sie nicht immer dieselbe christliche Kirche, aber dasselbe Bewußtsein entwickelt, dasselbe Leben entfaltet sich immer mehr; wird bestimmter, sich selbst immer klarer; die Kirche gelangt zum Mannesalter Christi.* Diese Bildungen sind mithin eigentlich Lebensentwicklungen der Kirche, und die Tradition enthält diese sukzessiven Entfaltungen der höheren Lebenskeime bei der Bewahrung der inneren Lebenseinheit selbst. Diese Lebensentwicklungen treten schon klar in Paulus hervor, setzen sich bei Johannes fort so wie in den ersten Jahrhunderten, und erscheinen in herrlicher Blüte auf den großen Synoden.
Wir haben zwar früher schon gesagt, warum die christliche Kirche nicht auf Schrift gegründet sein könne. Allein wie sich die Tradition oder das beständige in der Kirche verkündete lebendige Wort zur Schrift verhalte, bleibt noch darzustellen übrig, da sich die älteste christliche Zeit sehr bestimmt hierüber ausgesprochen hat. – Das Evangelium, die vollständige Lehre Christi, war schon längere Zeit in und außerhalb Palästina verkündet und in die Herzen der Gläubigen, wie Irenäus sich ausdrückt, niederge-

legt, als die einzelnen Evangelien niedergeschrieben wurden. Sie sind mithin aus dem lebendig von Jesus gehörten und wieder verkündeten Wort herausgenommen; und das Lebendige wurde durch sie eine stehende Form, insoweit sie es nämlich erschöpften. Daß sie aber das lebendige Evangelium nicht erschöpften, zeigen ja selbst die apostolischen Briefe, in welchen wir vieles ergänzt, näher bestimmt, genauer vorgetragen und entwickelt finden, als es in den Evangelien der Fall ist. Es entwickelten sich in den Gemeinden Streitigkeiten über den apostolischen Vortrag und das verkündete Evangelium; die Apostel, die noch lebten, legten sie bei und klärten, was einzelnen dunkel erschien oder was sie nicht durchdrangen, auf; vieles dergleichen enthalten unsere apostolischen Briefe, deren Veranlassung größtenteils in den genannten Umständen zu suchen und deutlich ausgesprochen ist. Diese beziehen sich mithin sämtlich auf einen schon vorausgegangenen mündlichen Unterricht, daher denn auch Paulus in seinen Briefen auf einen solchen sich beruft (2 Thess 2,15; 2 Tim 2,2). Die Zweifel, die ihre Briefe selbst wieder erregten, konnten sie bei einer später erfolgten Ankunft in der Gemeinde, an welche sie geschrieben hatten, lösen; so kam Paulus nach den an die Korinther geschriebenen Briefen abermals zu denselben, nicht minder zu den Römern, von wo aus er wieder mehrere Briefe an Gemeinden sandte. Wenn daher die Häretiker sich auf die gleich im Beginn des Christentums entstandenen Uneinigkeiten beriefen, besonders auf die Rede Pauli: „O ihr törichten Galater, wer hat euch verblendet“, und auf die Stelle: „Ich wundere mich, daß ihr euch so schnell von dem, der euch in der Gnade Christi berufen hat, zu einem andern Evangelium habt umwenden lassen“; ferner auf den Brief an die Korinther, wo er diesen sagt: „Ich konnte mit euch nicht als mit Geistigen reden, sondern als mit Fleischlichen, mit Unmündigen in Christo. Milch habe ich euch zu trinken gegeben, keine feste Speise“ (Gal 3,1–6; 1 Kor 3,1–3); wenn sich die Häretiker hierauf beriefen, um alles ungewiß zu machen, um die allgemeine Kirchenlehre zu verwerfen und ihren angeblichen Beruf anschaulich zu machen, zur Erneuerung oder Vervollständigung des Christentums erweckt zu sein, und ihren Geheimlehren Eingang zu verschaffen, so konnten ihnen die Kirchenväter mit Recht erwidern: Wenn sie uns verdorbene Kirchen vorwerfen, so sollen sie auch eingestehen, daß sie wieder verbessert wurden, und auch jene Kirchen anerkennen, wegen deren Glauben der Apostel Gott danket (Röm 1,6). – Die sämtlichen Schriften des Neuen Testamentes wurden also dem Gesagten zufolge solchen übergeben, die schon gläubig waren, d. h. denen, die den christlichen Geist aus der Gemeinschaft der Gläubigen und damit die evangelische Lehre schon empfangen hatten, und man kam nie an das geschriebene Wort, ohne das Christentum zuvor schon gekannt zu haben, in welchem also jenes aufgenommen wurde…

Die heiligen Schriften wurden nicht als etwas von dem lebendigen Evangelium Verschiedenes aufgefaßt oder das lebendige Evangelium, die mündliche Tradition als etwas Verschiedenes von den schriftlichen Evangelien, als eine von diesen verschiedene Quelle: Wie beide das Wort und die Lehre des Heiligen Geistes waren, wie beides von den Aposteln den Gläubigen übergeben worden war, so wurden beide Arten des Wortes als schlechthin zusammengehörig angeschaut, als durchaus untrennbar. Beriefen sich daher Häretiker, die von dem lebendigen Evangelium der Kirche abgewichen waren, auf die heiligen Schriften, so wies man sie auch von diesen ab, die sie nicht verstünden, da sie, wie nur in der Kirche verfaßt und für die Kirche bestimmt, auch nur in dieser verstanden und mit dem lebendigen Evangelium nicht in Widerspruch gesetzt werden könnten. Da sie ihre Vorstellungen nicht aus der Kirche, sondern aus sich selbst entnommen hätten, da sie den Ursprung derselben nicht auf die Apostel zurückführen könnten, so beriefen sie sich, sagte man, auch mit Unrecht auf die heiligen Schriften...

Durch das Gesagte sind wir aufgefordert, folgende Schlüsse zu ziehen in betreff des Verhältnisses der Schrift und Tradition:

1. Die Tradition ist der durch alle Zeiten hindurch laufende, in jedem Moment lebendige, aber zugleich sich verkörpernde Ausdruck des die Gesamtheit der Gläubigen belebenden Heiligen Geistes.

2. Die Schrift ist der verkörperte Ausdruck desselben Heiligen Geistes im Beginn des Christentums durch die besonders begnadeten Apostel. Die Schrift ist insofern das erste Glied in der geschriebenen Tradition.

3. Da die Schrift aus der lebendigen Tradition geschöpft wurde, nicht diese aus jener, so kann auch aus jener nicht bewiesen werden, daß in dieser nichts enthalten sein dürfe, was nicht auch in ihr enthalten sei. Die Schrift selbst sagt das Gegenteil (Joh 20, 30, 31; 21, 24, 25). Ebensowenig kann mit Fug behauptet werden, daß die Apostel nicht manches weit bestimmter mündlich noch in den Gemeinden predigten und erklärten, als wir es in ihren Briefen finden.

4. Wenn gesagt wird, die Schrift allein sei für den Christen genug, so ist man berechtigt, nach dem Sinn dieser Behauptung zu fragen. Die Schrift allein, und abgesehen von unserer Auffassung, ist gar nichts, ist ein toter Buchstabe; erst das Produkt, welches durch Beziehung unserer Geistestätigkeiten auf die Schrift zum Vorschein kommt, ist etwas. In dieser Beziehung muß nun behauptet werden, die Tradition sei in ihrer zweifachen oben angegebenen (jedoch im Grunde derselben) Bedeutung notwendig. Nimmt man sie als das lebendige, eben in der Kirche verkündete Evangelium mit allem, was zu seiner Verkündi-

gung gehört, was Irenäus auch die kirchliche Erziehung nennt, so verstehen wir ohne sie, die Heilige Schrift, so wenig, als sie ohne jene den Gläubigen gegeben wurde; unsere Geistestätigkeit muß also durchdrungen sein von dem christlichen Geiste, wenn aus ihrer Beziehung auf die Schrift ein christliches Produkt zutage gefördert werden soll. – Wäre aber das zu jeder Zeit verkündete lebendige Evangelium nicht jedesmal auch ein geschriebenes geworden; hätte sich also die Tradition nicht auch zugleich verkörpert, so wäre kein historisches Bewußtsein möglich, wir lebten in einem traumartigen Zustand, ohne zu wissen, wie wir geworden sind, ja, selbst auch ohne zu wissen, was wir sind und sein sollen. Weil die Kirche und die einzelnen ihrer Glieder die Identität ihres christlichen Bewußtseins mit dem aller Zeiten nicht nachweisen könnten, käme uns das unsrige selbst zweifelhaft vor, wir hätten keine Gewißheit, ob es das christliche wäre, wir stünden abgerissen da, und eben deswegen haltlos. Ja, es gäbe eben darum keine Kirche, denn dieser ist wie die Einheit des innern Lebens so auch die Stetigkeit des Bewußtseins dieser Einheit bei allen wechselnden Zuständen ihrer Existenz schlechthin notwendig, was sie als eine moralische Person durch ihr Gedächtnis (so mögen wir auch die verkörperte Tradition nennen) muß erweisen können. Indem aber durch die Tradition nachgewiesen werden kann, wie der christliche Geist zu allen Zeiten sich ausgesprochen hat und daß er immer als *derselbe* sich ausgesprochen hat, so wird es zuverlässig, welches die rechte Auffassung der christlichen Lehre sei, nämlich die allezeit gewesene. Wäre auch diese nicht richtig, so verzweifelten die Christen mit Recht, je zu erfahren, was das Christentum sei; sie verzweifelten mit Recht, ob es einen heiligen, die Kirche erfüllenden, ob es überhaupt einen christlichen Geist und ein bestimmtes christliches Bewußtsein gebe. Wie denn auch diejenigen, welche die Tradition verwerfen, in einem solchen Zustand, wie wir sehen werden, sich befanden und dort von einem objektiven kirchlichen Christentum nicht die Rede sein konnte. Wie also die Schüler der Apostel in dem unmittelbaren Umgang mit den Aposteln, d. h. mit der damaligen Gesamtheit aller Christen, den äußern Beweis für die Wahrheit ihrer Auffassung hatten, so die folgende in dem immer gleichen Charakter der apostolischen Lehre durch alle Jahrhunderte hindurch bis zu den Aposteln hinauf. Mit andern Worten ist es das, was wir schon wiederholt gesagt haben, daß alle Christen ohne Unterschied der Zeiten *ein* Ganzes bilden.

5. Die Frage, ob die Tradition der Schrift koordiniert oder subordiniert sei, ist als von irrigen Voraussetzungen ausgehend, abzuweisen. Es gibt keinen Gegensatz zwischen beiden. Auch liegt dieser Rede die Annahme zu Grunde, als liefen Tradition und Schrift wie zwei Parallellinien nebeneinander einher. Dies ist nicht so, wie die Geschichte zeigt. Sie gingen ineinander über und lebten ineinander. So wenig man in der Kirche je die Schrift ohne Einfluß der kirchlichen Erziehung las, ebensowenig kann im zweiten und dritten Jahrhundert die kirchliche Erziehung, der Kirchenglauben ohne Einfluß der Schrift gedacht werden.

6. Die Behauptung, das sei in der Tradition anzunehmen, was schriftmäßig sei, ist sich selbst unklar. Auch sie geht von einem Gegensatz aus: Was die Tradition … enthält, ist nie gegen die Heilige Schrift; und wo die Schrift etwas der Tradition Widersprechendes aussagen soll, da sagt es nicht sie selbst, sondern man läßt sie's sagen.

7. Diejenigen, die meinen, *einiges* werde bloß aus der Tradition nachgewiesen, alles andere aus der Schrift, haben nicht die richtige Einsicht in die Sache. Alles haben und bewahren wir durch die Tradition, so wie auch diejenigen, die sie nicht annehmen, schon in der ältesten Kirche alles ohne sie verworfen haben. Bezieht sich denn die Erziehung in der Gemeinschaft der Gläubigen und der Heilige

Geist, der uns durch sie gewährt wird, nur auf das eine oder das andere? Es gibt keine solche Trennung. Davon wußte die älteste Kirche nichts. Alles wurde in den ersten Jahrhunderten aus der Heiligen Schrift geleugnet; und die Kirche mußte alles Christliche von Schritt zu Schritt aus der Tradition festhalten. Die Lehre von Gott in ihrer gesamten Ausdehnung; vom Sohne Gottes in allen Punkten; vom Heiligen Geiste; von Freiheit und Gnade usw. wurde von solchen, die sich Christen nennen, mit der Bibel in der Hand (d. h. durch ihren verkehrten Gebrauch) von Anfang der Kirche an schon verworfen, und durch den Geist der Kirche und ihrer Überlieferung bewahrt. Es ist wunderlich, daß man das nicht zugeben oder verdrehen will, da es so klar in der Geschichte vorliegt.

8. Ohne die Heilige Schrift als die älteste Verkörperung des Evangeliums wäre die christliche Lehre in ihrer Reinheit und Einfalt nicht bewahrt worden, und es ist gewiß ein großer Mangel des Ruhmes vor Gott, wenn man behaupten will: sie sei zufällig, weil sie *uns* aus rein zufälligen Veranlassungen gefertigt worden zu sein *scheint*. Welche Vorstellung vom Walten des Heiligen Geistes in der Kirche! Es fehlte ferner ohne Schrift das erste Glied in der Reihe, die selbst ohne die Heilige Schrift, ohne eigentlichen Anfang, und darum unverständlich, verwirrt und chaotisch wäre; aber ohne fortlaufende Tradition mangelte uns der höhere Sinn für die Schrift, weil wir ohne Zwischenglieder keinen Zusammenhang wüßten; ohne Schrift könnten wir uns kein vollständiges Bild von dem Erlöser entwerfen, weil es uns an zuverlässigem Stoff fehlte und sich gewiß alles in Fabeln ungewiß machte; ohne die fortgesetzte Tradition fehlte uns der Geist und das Interesse, uns ein solches Bild von ihm zu entwerfen; ja, auch wieder der Stoff, denn wie wir sehen werden, hätten wir ohne Tradition auch keine Schrift. Ohne Schrift wäre uns die eigentümliche Form der Reden Jesu vorent-

halten; wir wüßten nicht, *wie* der Gottmensch sprach; und ich meine, leben möchte ich nicht mehr, wenn ich ihn nicht mehr reden hörte. Allein ohne Tradition wüßten wir nicht, *wer* da redete und *was* er verkündete; und die Freude an dem, *wie* er sprach, wäre auch dahin! Kurz, alles gehört zusammen, und mit göttlicher Weisheit und Gnade wurde es uns auch unzertrennlich gegeben.

Aus: J.A. Möhler, Die Einheit in der Kirche, 1824 (Deutsche Klassiker der katholischen Theologie aus neuerer Zeit II, hg. von Heinrich Getzeny), Mainz 1925.

John Henry Newman

Das Gewissen und der Papst

Es gibt, so scheint es, außergewöhnliche Fälle, in denen das Gewissen mit dem Wort eines Papstes in Widerstreit geraten kann und man dem Gewissen trotz jenes Wortes folgen muß. Ich will nun diesen Satz auf eine breitere, von allen Katholiken anerkannte Basis stellen. Um dies in befriedigender Weise zu tun, muß ich jetzt genauso, wie ich mit den Verheißungen der Heiligen Schrift und der Kirche der Urzeit begann, als ich von den Vorrechten des Papstes sprach, mit dem Schöpfer und seinem Geschöpf anfangen, wenn ich die Vorrechte und die oberste Autorität des Gewissens herleiten will.

Ich sage also, daß dem höchsten Wesen ein bestimmter Charakter zukommt, den wir, in menschlicher Sprache ausgedrückt, ethisch nennen. Es hat die Attribute der Gerechtigkeit, Wahrhaftigkeit, Weisheit, Heiligkeit, Güte und Barmherzigkeit als ewige Charakteristika seiner Natur, geradezu als Gesetz seines Seins, das mit ihm selbst identisch ist. Später hat das höchste Wesen, als es Schöpfer wurde, dieses Gesetz, das es selbst ist, der Erkenntnis aller seiner vernunftbegabten Geschöpfe eingepflanzt. Das göttliche Gesetz ist also die Regel der sittlichen Wahrheit, das Maß für Recht und Unrecht, eine souveräne, unabänderliche, absolute Autorität im Angesichte der Menschen und Engel. „Das ewige Gesetz“, sagt der heilige Augustinus, „ist die göttliche Vernunft oder der Wille Gottes, der die Beobachtung der natürlichen Ordnung der Dinge gebietet und deren Verwirrung verbietet“. „Das Naturgesetz“, sagt der heilige Thomas, „ist ein Einstrahlen des göttlichen Lichtes in uns, eine Teilhabe an dem ewigen Gesetz von seiten der vernünftigen Kreatur". Dieses Gesetz wird „Gewissen" genannt, insofern es in die Seelen der einzelnen Menschen aufgenommen ist. Obgleich es beim Eintritt in das intellektuelle Medium eines jeden eine Brechung erleiden kann, wird es dadurch doch nicht so beeinträchtigt, daß es seinen Charakter als göttliches Gesetz verliert, sondern es hat als solches noch das Vorrecht, Gehorsam zu fordern. „Das göttliche Gesetz", sagt Kardinal Gousset, „ist die höchste Regel der Handlungen; unsere Gedanken, Wünsche, Worte und Taten, alles, was der Mensch ist, unterstehen der Herrschaft des göttlichen Gesetzes, und dies Gesetz ist die Regelung unseres Verhaltens vermittels unseres Gewissens. Deshalb ist es niemals erlaubt, gegen unser Gewissen zu handeln, wie das Vierte Lateran-Konzil sagt: ‚Quidquid fit contra conscientiam, aedificat ad gehennam.'" Diese Auffassung vom Gewissen ist, wie ich weiß, sehr verschieden von derjenigen, die in der heutigen Zeit in der Wissenschaft, in der Literatur und in der öffentlichen Meinung verbreitet ist. Sie gründet auf der Lehre, daß das Gewissen die Stimme Gottes ist; während es heute überall zum guten Ton gehört, es in irgendeiner Weise als eine Schöpfung des Menschen zu betrachten. Natürlich gibt es große und gewichtige Ausnahmen von dieser Auffassung. Sie trifft nicht zu bei vielen oder den meisten religiösen Körperschaften, insbesondere nicht bei ihren Lehrern und Geistlichen. Wenn Anglikaner, Wesleyaner, die verschiedenen Sekten der Presbyterianer in Schottland und andere Denominationen unter uns vom Gewissen reden, dann meinen sie das, was wir meinen, nämlich die Stimme Gottes in der Natur und im Herzen des Menschen zum Unterschied von der Stimme der Offenbarung. Sie sprechen von einem Prinzip, das in uns eingepflanzt wurde, ehe wir noch irgendeine Erziehung erhalten hatten, obwohl Erziehung und Erfahrung für dessen Kräftigung, Wachstum und rechte Ausbildung notwendig sind. Sie betrachten es als ein wesentliches konstituierendes Element des Geistes, wie das auch unser Begriff von anderen Ideen sein mag, etwa unser Vermögen zu denken, unser Sinn für Ordnung und das Schöne und unsere übrigen intellektuellen Fähigkeiten. Sie betrachten es, darin den Katholiken gleich, als den inneren Zeugen sowohl für das Dasein als auch für das Gesetz Gottes. Sie glauben, es hänge von Gott ab, nicht vom Menschen, gleichwie ein Engel, der auf der Erde wandelte, nicht Bürger und Untertan der Staatsgewalt wäre. Sie würden ebensowenig wie wir zugeben, daß es in irgendeine in unserer Natur liegende Verbindung von Prinzipien aufgelöst werden könnte, die elementarer wären als es selbst. Und obgleich es ein Gesetz des Geistes genannt werden kann und es auch ist, würden sie doch nicht zugeben, daß es sonst weiter nichts sei: Ich meine, daß es etwa nicht eine unmittelbare Einsprechung wäre oder etwa nicht auch den Begriff der Verantwortlichkeit, der Pflicht, einer Drohung und einer Verheißung mit einer Lebendigkeit in sich schlösse, die es von allen anderen Wesensbestandteilen unserer Natur unterschiede.

So wenigstens verstehe ich die Lehre der Protestanten wie auch die der Katholiken. Richtschnur und Maßstab der Pflicht ist weder Nutzen noch Vorteil, noch das Glück der größten Zahl, noch das Staatswohl, noch Vorteil, noch Schicklichkeit, noch Ordnung und auch nicht das pulchrum. Das Gewissen ist weder weitsichtige Selbstsucht noch das Verlangen, mit sich selbst in Einklang zu stehen; sondern es ist ein Bote von Ihm, der sowohl in der Natur als auch in der Gnade hinter einem Schleier zu uns spricht und uns durch seine Stellvertreter lehrt und regiert. Das Gewissen ist der ursprüngliche Statthalter Christi, ein Prophet in seinen Mahnungen, ein Monarch in seiner Bestimmtheit, ein Priester in seinen Segnungen und Bannflüchen. Selbst wenn das ewige Priestertum in der Kirche aufhören könnte zu existieren, würde im Gewissen das priesterliche Prinzip fortbestehen und seine Herrschaft ausüben...

Spräche der Papst gegen das Gewissen im wahren Sinne des Wortes, dann würde er Selbstmord begehen. Er würde sich den Boden unter den Füßen wegziehen. Seine eigentliche Sendung besteht darin, das Sittengesetz zu verkünden und jenes „Licht" zu schützen und zu stärken, „das jeden Menschen erleuchtet, der in diese Welt kommt". Auf das Gewissen und seine Heiligkeit gründet sich sowohl seine Autorität in der Theorie wie auch seine tatsächliche Macht. Ob nun dieser oder jener Papst in dieser schlechten Welt diese große Wahrheit in allem, was er tat, stets vor Augen hatte, muß die Geschichte uns sagen. Ich betrachte hier das Papsttum in seinem amtlichen Charakter und in seinen Pflichten wie auch in seiner Beziehung zu jenen, die seine Ansprüche anerkennen. Diese werden nicht durch den persönlichen Charakter des Papstes oder seine privaten Handlungen, sondern durch seine amtliche Lehre verpflichtet. Fassen wir seine Stellung so auf, werden wir folgendes finden: Er hat in der Welt Fuß gefaßt und einen Erfolg nur errungen auf Grund des allgemeinen Gefühls für Recht und Unrecht, des Bewußtseins der Übertretung, auf Grund der Qualen der Schuld und der Furcht vor Vergeltung als den Herzen des Menschen tief eingepflanzter Grundprinzipien. Er erhebt den Anspruch, vom göttlichen Gesetzgeber herzukommen, um jene Wahrheiten, die der Gesetzgeber schon unserer Natur eingepflanzt hat, ans Licht zu bringen, zu verteidigen und zu bekräftigen. Dies und nur dies ist die Erklärung für die Länge seiner mehr als vorsintflutlichen Lebensdauer. Der Kampf für das Sittengesetz und für das Gewissen ist seine raison d'être. Die Tatsache seiner Sendung ist die Antwort auf die Klagen jener, welche die Unzulänglichkeit des na-

türlichen Lichtes fühlen; und die Unzulänglichkeit jenes Lichtes ist die Rechtfertigung seiner Sendung.
Alle Wissenschaften, die Wissenschaft der Religion allein ausgenommen, haben ihre Gewißheit in sich selbst. Insoweit sie Wissenschaften sind, bestehen sie in notwendigen Folgerungen aus unleugbaren Prämissen oder aus Erscheinungen, die durch eine unwiderlegbare Schlußfolgerung in allgemeine Wahrheiten umgewandelt sind. Doch der Sinn für Recht und Unrecht, das erste Element in der Religion, ist so zart, so sehr Zufällen unterworfen, so leicht verwirrt, verdunkelt und verkehrt, so subtil in seiner Art zu argumentieren, so beeindruckbar durch die Erziehung, so von Stolz und Leidenschaft geleitet, so unstet in seinem Laufe, daß bei dem Kampf ums Dasein inmitten der verschiedenen Tätigkeiten und Triumphe des menschlichen Geistes dieser Sinn zugleich der höchste und doch der wenigst deutliche aller Lehrer ist, und die Kirche, der Papst, die Hierarchie sind nach dem Plane Gottes die Abhilfe für ein dringendes Bedürfnis. So gewiß auch die Grundlagen und die Lehren der natürlichen Religion sind, die sich an denkende und verantwortliche Menschen richten, so bedarf sie doch, um mit Erfolg zum Menschengeschlecht zu reden und sich die Welt zu unterwerfen, zu ihrer Stütze und Vollendung der Offenbarung.
Wenn ich dies alles sage, darf man jedoch natürlich nicht denken, ich wolle die Offenbarung, deren Bewahrerin die Kirche ist, auf eine bloße neue Publizierung des Naturgesetzes beschränken. Aber obgleich die Offenbarung sich so deutlich von der Lehre der Natur abhebt und weit über ihr steht, so ist es doch wahr, daß sie von ihr weder unabhängig noch ohne Beziehung zu ihr, sondern vielmehr ihre Ergänzung, Bekräftigung, ihr Abschluß, ihre Verkörperung und Interpretierung ist. Der Papst, der von der Offenbarung abstammt, hat keine Jurisdiktion über die Natur...

Ich gebrauche das Wort „Gewissen“ in dem erhabenen Sinn, in dem ich es schon gedeutet habe – nicht als eine Einbildung oder eine Meinung, sondern als pflichtschuldigen Gehorsam gegen das, was den Anspruch erhebt, eine in uns sprechende göttliche Stimme zu sein. Daß dies die rechtmäßige Auffassung ist, werde ich hier nicht zu beweisen versuchen, sondern es als Grundprinzip annehmen.

Ich bemerke, daß das Gewissen nicht ein Urteil über irgendeine spekulative Wahrheit, über eine abstrakte Lehre ist, sondern sich unmittelbar auf ein Verhalten bezieht, auf etwas, was getan werden muß oder nicht getan werden darf. „Das Gewissen“, sagt der heilige Thomas, „ist das praktische Urteil oder der praktische Spruch der Vernunft, durch die wir urteilen, was hic et nunc getan werden soll, weil es gut ist, oder zu unterlassen ist, weil es schlecht ist“. Infolgedessen kann das Gewissen nicht in eine direkte Kollision mit der Unfehlbarkeit der Kirche oder des Papstes kommen. Diese erstreckt sich nämlich nur auf allgemeine Sätze und auf die Verurteilung bestimmter einzelner und gegebener Irrtümer.

Ich bemerke weiter: Da das Gewissen ein praktisches Diktat ist, ist eine Kollision zwischen ihm und dem Papste nur möglich, wenn der Papst Gesetze oder besondere Befehle und dgl. gibt. Doch ein Papst ist nicht unfehlbar in seinen Gesetzen, ebensowenig in seinen Befehlen und politischen Aktionen, in seiner Verwaltung, in seiner öffentlichen Politik. Man gestatte die Bemerkung, daß das Vatikanische Konzil ihn hierin gerade so belassen hat, wie es ihn fand...

Um nicht mißverstanden zu werden, muß ich wiederholen, daß ich, wenn ich vom Gewissen rede, selbstverständlich das meine, was man mit Recht Gewissen nennt. Wenn es das Recht hat, der höchsten, wenn auch nicht unfehlbaren Autorität des Papstes entgegenzutreten, dann muß es etwas mehr sein als jenes elende Zerrbild, das, wie ich oben erwähnt habe, jetzt seinen Namen führt. Wenn es in einem einzelnen Falle als ein heiliger souveräner Mahner aufgefaßt werden soll, dann müssen seinem Diktat, das gegen die Stimme des Papstes Geltung haben soll, ernsthaftes Nachdenken, Gebet und Anwendung aller erdenklichen Mittel vorangehen, will man in der in Frage stehenden Angelegenheit zu einem richtigen Urteil kommen. Ferner ist der Gehorsam gegen den Papst das, was „in possessione" genannt wird; das heißt, das onus probandi bei der Einleitung eines Verfahrens gegen ihn liegt, wie in allen außergewöhnlichen Fällen, auf seiten des Gewissens. Wenn ein Mensch nicht imstande ist, zu sich selbst in der Gegenwart Gottes zu sagen, er solle und dürfe sich nicht erdreisten, nach der päpstlichen Anordnung zu handeln, dann ist er verpflichtet, ihr zu gehorchen, und er würde eine schwere Sünde begehen, wenn er es nicht täte. Prima facie ist es seine strenge Pflicht, schon aus einem Gefühl der Loyalität, zu glauben, der Papst sei im Recht und handle entsprechend. Er muß jenen niedrigen, unedlen, selbstsüchtigen, vulgären Geist seiner Natur überwinden, der schon bei der ersten Kunde von einem Befehl sich sofort dem Vorgesetzten gegenüber, der ihn gibt, in Opposition setzt und fragt, ob jener nicht sein Recht überschreite, und Freude daran hat, in einer moralischen und praktischen Angelegenheit mit Skeptizismus zu beginnen. Er darf nicht eigensinnig dazu entschlossen sein, ein Recht zu beanspruchen, zu denken, zu sagen und zu tun, was ihm gerade beliebt, und die Frage nach Wahrheit und Irrtum, nach Recht und Unrecht, die Pflicht, wenn möglich zu gehorchen, und die Neigung, zu sprechen, wie sein Oberhaupt spricht, und in allen Fällen auf der Seite seines Oberhauptes zu stehen, nicht einfach beiseiteschieben. Würde diese notwendige Regel beachtet, dann kämen Zusammenstöße zwischen der Autorität des Papstes und der

Autorität des Gewissens nur sehr selten vor. Auf der anderen Seite haben wir schließlich in der Tatsache, daß das Gewissen jedes einzelnen in außergewöhnlichen Fällen frei ist, einen Garanten und eine Bürgschaft, wenn überhaupt eine Bürgschaft notwendig wäre (was eine völlig grundlose Annahme ist), dafür, daß kein Papst jemals imstande sein wird, wie der Einwand annimmt, für seine eigenen Zwecke ein falsches Gewissen zu schaffen...
Ich füge noch eine Bemerkung hinzu. Wenn ich genötigt wäre, bei den Trinksprüchen nach dem Essen ein Hoch auf die Religion auszubringen (was freilich nicht ganz das Richtige zu sein scheint), dann würde ich trinken – freilich auf den Papst, jedoch zuerst auf das Gewissen und dann erst auf den Papst.

Aus: J.H. Kardinal Newman, Polemische Schriften. Abhandlungen zu Fragen der Zeit und der Glaubenslehre, IV. Band der Ausgewählten Werke von John Henry Kardinal Newman, hg. von Matthias Laros und Werner Becker, Mainz 1959.

Romano Guardini

Absichtslosigkeit

Vielleicht hat die Überschrift den Leser überrascht, denn wer ist heute geneigt, in der Absichtslosigkeit eine Tugend, also ein Bild sittlichen Wertes zu sehen?
Es gibt wohl ein Weisheitswort aus dem alten China, das sagt, je weniger Absichten jemand habe, desto mächtiger sei er; die größte Macht sei die volle Absichtsfreiheit. Der Gedanke ist uns aber fremd. Das Menschenbild, das seit der Mitte des vergangenen Jahrhunderts bei uns maßgebend geworden ist, hat andere Art. Es ist das des Aktiven, der entschlossen auf die Welt zugeht und in ihr seine Zwecke durchsetzt. Dieser Mensch ist voll von Absichten und glaubt, vollkommen zu sein, wenn alles, was er tut, sich den Zielen unterordnet, die er sich setzt.
Daß er viel erreicht, würden auch die Lehrer jener alten Weisheit nicht bestreiten. Sie würden aber wahrscheinlich sagen, das Meiste davon liege im Bereich der Oberfläche; an dem, worauf es eigentlich ankomme, gehe es vorbei. Freilich, das Asien unserer Zeit beginnt selbst anders zu denken.

Wie lebt also der Mensch, den die Absichtshandlung beherrscht?
Im Verkehr wendet er sich nicht mit schlichter Bereitschaft dem anderen Menschen zu, sondern will immer etwas: Eindruck machen, beneidet werden, Vorteile gewinnen, vorankommen. Er lobt, um gelobt zu werden. Er tut einen Dienst, um später einen solchen verlangen zu können. Darum sieht er auch im Anderen nicht wirklich

den Menschen, sondern den Reichtum, oder die gesellschaftliche Stellung – immer aber die Konkurrenz im Dasein.
Bei ihm fühlt man sich gewarnt. Man muß vorsichtig sein. Man spürt den Willen und zieht sich zurück. Das freie Miteinander, worin sich doch das Eigentliche der menschlichen Beziehungen verwirklicht, kommt nicht zu Stande. Natürlich hat das vielbedürfende Leben seine Rechte. Eine große Zahl der menschlichen Beziehungen ist auf Abhängigkeiten und Zwecke aufgebaut; so ist es nicht nur richtig, sondern einfachhin notwendig, daß wir in ihnen zu erreichen suchen, was wir brauchen, und uns dessen auch bewußt seien. Es gibt aber auch andere, und nicht wenige, die auf der offenen Begegnung von Mensch zu Mensch ruhen. Wenn hier Zweck und Absicht die Haltung bestimmen, dann verschließt und verfälscht sich alles.
Überall da, wo sich die wesentlichen Beziehungen des Ich und Du verwirklichen sollen, müssen die Absichten zurücktreten. Der eine muß den Anderen in ihm selbst sehen, einfach mit ihm sein und mit ihm leben. Er muß in die Situation eintreten, wie sie aus ihrem Sinn heraus es verlangt: in ein Gespräch, in eine Zusammenarbeit, eine Fröhlichkeit, ins Durchstehen eines Schicksals, einer Gefahr, einer Trauer...
Nur aus ihr heraus wird das Menschlich-Große möglich: die wirkliche Freundschaft, die echte Liebe, die klare Kameradschaft im Werk, die saubere Hilfe in der Not. Wenn aber die Absichten darin herrschend werden, verkümmert alles.

Ein Mensch, der die Absichten läßt, wo sie hingehören, bekommt Macht über die Anderen; freilich Macht eigener Art. Wir nähern uns dem alten Weisheitsgedanken, von dem zu Eingang die Rede war. Je mehr man zu erreichen

sucht, desto fester schließt der Andere sich zusammen und wehrt ab. Je deutlicher er aber das Gefühl bekommt, daß man ihn zu nichts treiben, sondern nur mit ihm sein und leben; daß man nichts von ihm erreichen, nur der Sache dienen will, um die es sich handelt, desto rascher läßt er die Abwehr fallen und öffnet sich dem, was aus der Persönlichkeit hinauswirkt.
Die Kraft der Persönlichkeit selbst wird um so stärker, je weniger Absichten am Werk sind. Sie ist etwas ganz anderes als jene bei aller „Dynamik" doch recht äußerliche Energie, mit welcher ein Mensch den anderen seinem Willen unterordnet. Sie kommt aus der Echtheit des Lebens selbst, aus der Wahrheit des Gedankens, aus der Sauberkeit des Werkwillens, aus der Lauterkeit der Gesinnung.

Entsprechendes gilt auch für das Verhältnis des Menschen zu seinem Werk.
Wenn der von Absichten Beherrschte arbeitet, dann fehlt in seiner Arbeit gerade das, was diese eigentlich wertvoll macht: der reine Dienst an der Sache. Die erste und beherrschende Frage für ihn geht darauf, wie er dadurch vorankomme und Karriere mache. Von der Freiheit des Werkes und der Freudigkeit des Schaffens weiß er nicht viel.
Ist er Student, dann arbeitet er nur auf den Beruf hin. Oft genug nicht einmal auf das, was den Namen des Berufes eigentlich verdient, daß nämlich der Mensch fühlt, wozu er „berufen", was seine Aufgabe im Zusammenhang der menschlichen Gesellschaft ist, sondern auf das, was die meisten Aussichten auf Geld und Ansehen öffnet. Eigentlich arbeitet er sogar nur auf das Examen hin; lernt, was dafür verlangt wird, was gerade der betreffende Professor besonders fordert. Man soll nichts übertreiben, auch diese Dinge haben ihr Recht; aber wenn sie allein

bestimmend sind, dann geht das Eigentliche verloren. Ein solcher Absichtsstudent erlebt nie, was es heißt, in dem Raum zu stehen, der der Wissenschaft dient; fühlt nie dessen Freiheit und Größe. Nie berührt ihn die große Erfahrung der Erkenntnis; die Absichten sperren ihn zu. Was vom Studenten gesagt wurde, gilt aber ebenso von allen anderen Formen der Vorbereitung auf das spätere Leben.

Natürlich und noch einmal gesagt, hat das alles sein Recht. Der Mensch muß wissen, was er will, sonst zerfließt ihm sein Tun. Er muß ein Ziel haben und sein Leben daraufhin ordnen; aber das Ziel soll vor allem in der Sache liegen, der er sich widmet. Er wird auch auf Vorteil und Fortkommen achten; seine Arbeit soll ihm ja die Mittel bringen, deren er und seine Familie bedürfen, Wohlstand und Ansehen. Aber das Eigentliche und Wesentliche muß doch immer sein, was das Werk selbst verlangt, daß es ganz und sauber getan werde. Wer so denkt, läßt sein Tun nicht von Rücksichten bestimmt sein, die neben der Sache liegen. In diesem Sinne ist er absichtslos: er dient, im schönen Sinn des Wortes. Er tut die Arbeit, die jeweils wichtig und an der Zeit ist. Ist ihr innerlich zugewandt und tut sie so, wie sie selbst getan sein will. Er lebt in ihr und mit ihr, ohne Rücksichten und Seitenblicke. Das ist eine Haltung, die weithin zu verschwinden scheint. Menschen, die ihre Sache in reiner Hingabe tun, weil sie wertvoll, weil sie schön ist, scheinen selten zu werden. Immer häufiger wird das Tun auf eine neben der Sache herlaufenden Absicht des Nutzens und Erfolges abgestellt. Dabei ist jene Absichtslosigkeit aber doch die einzige Haltung, aus welcher das echte Werk, die reine Tat kommt, weil in ihr das Schöpferische frei wird. Nur aus ihr geht Großes, Befreiendes hervor, und nur ein Mensch, der so arbeitet, wird innerlich reich.

Vom Gesagten öffnet sich auch der Weg zur letzten Eigentlichkeit des Menschen, nämlich der Selbstlosigkeit. Es bildet eines der tiefsten Paradoxe des Lebens, daß ein Mensch um so voller er-selbst wird, je weniger er an sich denkt. Sprechen wir genauer: In uns lebt ein falsches Selbst und ein richtiges. Falsch ist das beständig betonte „Ich" und „Mir" und „Mich", das alles aufs eigene Gelten und Gedeihen bezieht, genießen und durchsetzen und herrschen will. Dieses Selbst verdeckt das eigentliche, die Wahrheit der Person. Im Maß das erste verschwindet, wird das zweite frei. Im Maß der Mensch in der Selbstlosigkeit von sich weggeht, wächst er in das wesenhafte Selbst hinein. Dieses blickt nicht auf sich, aber es ist da. Es erlebt sich auch – aber im Bewußtsein einer Freiheit, eines Offenseins, einer Unzerstörbarkeit von innen her. Der Weg, auf dem der Mensch das falsche Selbstsein abtut und in das eigentliche hineinwächst, ist jener, den die Meister des inneren Lebens die Loslösung nennen. Der Heilige ist Jener, in welchem das erste Selbst ganz überwunden und das zweite frei geworden ist. Dann ist der Mensch einfach da, ohne sich zu betonen. Er ist mächtig, ohne sich anzustrengen. Er hat kein Begehren mehr und keine Angst. Er strahlt aus. Um ihn her treten die Dinge in ihre Wahrheit und ihre Ordnung.

Sagen wir es aufs Wesentliche hin: Der Mensch ist offen geworden für Gott. Und, wenn man es so ausdrücken kann: durchlässig für Gott. Er ist „Türe", durch welche Seine Macht in die Welt einströmen, Wahrheit und Ordnung und Frieden schaffen kann. Es gibt ein Begebnis, worin das wunderbar zu Tage tritt. Als der heilige Franziskus die lange Einsamkeit auf dem Berge La Verna durchlebt, die Stigmata von Christi Leiden an seinen Händen und Füßen und in seiner Seite empfangen hatte und wieder zu den Seinen zurückkehrte, kamen die Menschen und küßten die Male seiner Hände. Der von Grund auf Demütige hätte früher diese Zeichen der Verehrung erschreckt zurückgewiesen. Jetzt ließ er die Verehrenden gewähren, denn er hatte gar nicht mehr das Gefühl, er, als „der Sohn des Bernardone aus Assisi", sei gemeint, sondern Christi Liebe in ihm. Das äußere Selbst war erloschen; doch der wirkliche Franziskus leuchtete – jener, der sich selbst nicht mehr im Blick stand, sondern ganz offen für Gott war.

Jede echte Tugend – so haben wir immer wieder gesehen – geht nicht nur durch das ganze menschliche Sein; sie reicht über es zu Gott hinauf. Richtiger gesagt: Sie kommt von Gott in den Menschen herab, denn ihr eigentlicher und ursprünglicher „Ort" ist Sein Leben. Wie ist das also mit der Absichtslosigkeit? Hat Gott keine Absichten, Er, durch dessen Willen doch alles besteht, und durch dessen Weisheit alles geordnet ist?

Wir müssen darauf achten, daß die Bedeutungen nicht durcheinandergehen. „Absichten haben", in dem Sinne, wie das Wort hier gebraucht worden ist, meint etwas anderes als Wirken. Jedes Wirken hat ein Ziel, das erreicht werden soll, sonst wäre Chaos; in diesem Sinne blickt Gott auf das von Ihm gesetzte Ziel und richtet Sein Wirken dahin aus. Etwas anderes aber ist es, wenn der Handelnde nicht einfach dem anderen Menschen oder der Sache zugewandt ist, sondern sich selbst meint, zur Geltung kommen will, Vorteile sucht. Wie sollte Gott dergleichen im Auge haben? Er ist ja der Herr; Herr über die Welt; Herr über das göttliche Sein und Leben selbst – wessen sollte Er noch bedürfen? Er hat ja – nein, Er ist ja alles!

Wenn Er aber die Welt schafft, dann nicht so, wie ein Mensch ein Ding herstellt, um damit groß zu tun, oder um eigenen Bedürfnissen zu dienen, sondern Er schafft sie aus reiner – wagen wir das Wort, das nun seinen höchsten Sinn gewinnt – aus göttlicher Sach-Freude. Er schafft die

Dinge, auf daß sie seien; wahrheitsvoll, echt und schön. Gottes Weltwerk können wir uns nicht frei und freudig genug vorstellen.

Wie ist es aber mit der Lenkung der Welt? Mit dem, was „Vorsehung“ heißt? Hat Gott da nicht immerfort Absichten? Führt Er nicht den Menschen, jeden Menschen und alle seine Geschicke zu dem von Ihm gemeinten Ziel? Ist nicht das Leben dieses Menschen so geordnet, wie es der Fall ist, weil das jenes anderen mit ihm in dieser bestimmten Weise zusammenhängt? Sind nicht alle Menschenleben aufeinander hingeordnet und so das ganze Dasein von göttlich planender Weisheit gefügt? Wieder müssen wir die Bedeutungen auseinanderhalten. Was die höchste Weisheit da will, sind nicht „Absichten“, die neben dem Eigentlichen herliefen, sondern der Sinn des Gewollten selbst, seine Wahrheit, die Erfüllung seines Wesens.
Dieses Wollen ist die Macht, welche ein Ding an das andere bindet, ein Geschehen auf das andere bezieht, diesen Menschen in die Gemeinschaft mit jenem anderen, und jeden Menschen mit allen überhaupt bringt. Das ist nicht „Absicht“, sondern „Weisheit“, die souveräne Weisheit des vollkommenen Meisters, der das menschliche Dasein als ein Gewebe schafft, in welchem jeder Faden alle anderen trägt, wie er auch von allen anderen getragen ist. Jetzt sehen wir das Muster noch nicht. Wir sehen den Teppich nur von der Rückseite; können auf kurze Strecken hin einzelne Linien verfolgen, dann verschwinden sie uns wieder. Einmal aber wird er umgewendet, am Ende der Zeit, im Gericht; dann treten leuchtend die großen Figuren hervor. Und die während des Laufes der Zeit nie voll, oft überhaupt nicht beantwortete Frage nach dem „Warum“ – warum dieses Leid? warum diese Entbehrung? warum darf Dieser und Jener nicht? – all die Fragen der Lebensnot bekommen ihre Antwort aus der Weisheit Gottes, welche

wirkt, daß die Dinge nicht ein Haufen von Sachen und die Geschehnisse nicht ein Durcheinander von Vorfällen, sondern daß „Welt“ ist.

Aus: R. Guardini, Tugenden. Meditationen über Gestalten sittlichen Lebens, 1963, Mainz / Paderborn 1987.

Hermann Volk

Die Bedeutung des Heiligen Geistes

Am wirksamsten ist die Kirche dort, wo sie ganz im Geiste handelt, für ihr Tun keinen anderen Grund hat als Christus selbst. Das kann nicht deutlich genug gemacht werden, ohne daß damit die natürlichen Dinge als Hilfen und der Zusammenhang von Gnade und Natur überhaupt vernachlässigt werden. Aber alle menschlichen, natürlichen Dinge können, auch da, wo sie von der Kirche gebraucht werden, nicht den Geist ersetzen wollen; sie können nur so gebraucht sein, daß sie letztlich selbst durch den Geist verwandelt und in das Reich Gottes einbezogen werden sollen. Vertrauen auf die Präsenz und unersetzliche Wirkmacht des Geistes bedeutet auch das Bewußtsein, daß der Geist und was des Geistes ist, volles Prinzip der Einheit der Kirche ist. Der Geist ist in der Trinität in besonderem Maße Prinzip des Zusammenhanges der göttlichen Personen; der Geist ist auch für die Kirche in besonderem Maße und unersetzlich Prinzip der Einheit (Eph 4,4). Denn Christus ist durch seinen Geist Haupt der Kirche. Die Sünde trennt, der Geist verbindet. Wenn aber der Geist und was des Geistes ist, die Gnade, der Glaube, der Primat, der Gottesdienst, verbindet, dann ist damit die Einheit der Kirche gewährleistet und voll realisiert. Dann bedürfen diese geistlichen Prinzipien der Einheit nicht der Ergänzung durch unsere Erfindungen. Ängstlich darauf bedacht sein, daß die geistlichen Prinzipien der Einheit durch letztlich menschliche Formen der Einheit ergänzt werden, kann einem mangelnden Vertrauen in die Kraft des Geistes entspringen.

Welche Folgen kann es für die Kirche haben, wenn von der Ekklesiologie her die Bedeutung des Geistes für alles Kirchliche und Christliche akzentuiert wird? Die Weisen und die Früchte des Geistes sind viele; man kann aber drei „Früchte des Geistes" nennen, die dann in der Kirche deutlicher ausgeprägt werden könnten, a. die Erkenntnis und die Bewältigung der Gefahr einer falschen Gesetzlichkeit, b. die wachsende Kraft der Kirche zur Einheit in der Vielgestaltigkeit, c. die wachsende Freiheit der Glieder der Kirche in der Kirche.

a. Die Betonung der Funktion des Heiligen Geistes, des geistlichen Charakters des Christlichen überhaupt und der Kirche im besonderen hilft, die Gefahr eines gesetzlichen Mißverständnisses des Christlichen zu erkennen und zu bannen. Unter Gesetzlichkeit ist hier das besonders im Römer- und Galaterbrief beschriebene Mißverständnis des Christlichen gemeint. Gesetzlichkeit bedeutet danach nicht etwa die irrige Meinung, Recht und verbindliche Ordnung habe im Bereich des Christlichen keinen legitimen Platz; Gesetzlichkeit ist vielmehr die von Paulus so sehr bekämpfte und gefürchtete Mißdeutung des Christlichen, nach welcher der Mensch durch Werke, selbst durch schwere Werke, vor Gott zu bestehen hofft, ohne aber darin den totalen Anspruch Gottes auf den Menschen selbst anzuerkennen, so daß der Mensch, indem er Gutes tut, sich selbst schont, sich als Person für sich selbst behält. Dieses ist für Paulus ein Mißverständnis, welches der Aushöhlung des Christlichen gleichkommt. Wir scheinen es weniger zu fürchten. Denn wir reden wenig von der Gefahr einer falschen Gesetzlichkeit; wir erwecken auch den Anschein, daß wir uns leicht bei dem im Gesetz Faßbaren beruhigen. Ein gesetzliches Mißverständnis des christlichen Sollens kann zum Beispiel dadurch entstehen, daß jeder Katholik durch das Kirchengebot zwar verpflichtet ist, jeden Sonntag der heiligen Messe mit An-

dacht beizuwohnen, aber nur in der österlichen Zeit die Sakramente zu empfangen. Hier könnte sich als gesetzliches Mißverständnis die Meinung einschleichen, man könne an dem Gottesdienst im vollen Sinne auch ohne die Gnade, vielleicht sogar ohne die Reue über die eigenen Sünden teilnehmen.
Eine falsche Gesetzlichkeit wird durch das Verständnis des Christlichen als des „im Geiste“ Ermöglichten gebannt. Denn „im Geiste“ bedeutet auch die totale Hingabe der Person an Christus, bedeutet, Christus so angehören wollen, daß man nicht mehr sich selbst angehört: „Ich, nicht mehr ich, Christus in mir“ (Gal 2,20). Es kommt nicht einmal erst darauf an, ob der Gläubige das auch tut; es kommt schon darauf an, ob er anerkennt, daß er sich selbst so vollziehen muß und daß er nur insoweit Christi ist, als er Christus angehört. Die Gewissensfrage, ob wir das auch tun, macht möglicherweise Formen von Sünde und Sündigkeit deutlich, die wohl der Bibel, auch dem Confiteor, nicht aber immer uns ganz geläufig sind. Bei der Identifikation von heilshaft und „im Geiste“ spezifische Formen der Sündigkeit zu erkennen, könnte eine erhebliche Akzentverschiebung und Verbesserung unseres Sprechens von heilig und Heiligkeit auch der Kirche zur Folge haben. Jede Einsicht in die Wirklichkeit des Geistes komplementiert unser Sprechen vom Christlichen und von der Kirche, und macht die Kirche als die Kirche Jesu Christi glaubwürdiger. Mit der Betonung des Geistes wächst freilich auch das Bewußtsein, daß es wesentliche Bereiche gibt, welche zwar nicht außerhalb der Gesetze sind, aber doch durch das Gesetz nicht direkt und vollständig erfaßbar sind. Das macht das Gesetz und das Kirchenrecht in keinem Sinne überflüssig oder nebensächlich; es hindert aber, das Recht als das Ganze zu betrachten, was dazu führen könnte, die Kirche in einem bedenklichen Sinne zu verrechtlichen und das Recht zu überspannen.

Das Christliche als das Geistliche verstehen macht auch eine solche Unterweisung im Christlichen nötig, daß das Geistliche in seiner zentralen Bedeutung überhaupt in den Blick kommen kann; sonst rückt, kaum vermeidbar, weniger Wichtiges an seine Stelle. Die Dürftigkeit religiöser Unterweisung im Wirk- und Verantwortungsbereich der Kirche kann aber das Minimum weit unterschreiten, so daß das Geistliche überhaupt nicht in den Blick zu kommen vermag. Das hat uns offenbar lange Zeit wenig beunruhigt, solange sich solche Völker nur als katholisch bekennen. Ohne die Einsicht, daß das Christliche geistlich ist, kann der Gläubige aber nicht bestehen; er weiß dann nicht, was Glaube, was Gnade, was das Christliche überhaupt ist. Daher muß der Gläubige mit diesem zentralen Punkt der Heilswirklichkeit konfrontiert werden. Das kann wie eine Erneuerung sein und eine solche erzwingen, weil von daher das Zentrale, das Primäre und das Sekundäre im Christlichen und Katholischen erkennbar wird, so daß der durchgreifende Anspruch deutlich wird, der sich von Christus her auf uns richtet. Das Bewußtsein von dem geistlichen Charakter des Christlichen hält oder bringt so vieles in Ordnung.

„Im Geiste“ bedeutet zentral die Hingabe der Person an Christus. Das hat eine zunehmende Konkretisierung des Christlichen zur Folge. Die Kirche leidet an der schwachen Konkretisierung des Christlichen durch ihre Glieder, was weitgehend in einem gesetzlichen Mißverständnis des Christlichen begründet ist. Die Konkretisierung des Christlichen wird immer eine höchst anspruchsvolle Sache bleiben. Aber sie wird doch durch die grundsätzliche Anerkennung, daß das Christliche das Geistliche und das Geistliche das Totale ist, erleichtert, prinzipiell vorweggenommen. Wer im Glauben, die reine Gesetzlichkeit durchbrechend, auf Christus hin über sich selbst verfügt, wird als Zeichen und Konkretisierung dessen auch leichter über sich und das Seine in Freiheit verfügen. Dadurch wird das Christsein immer einheitlicher, konkreter und glaubwürdiger.

b. Der Geist ist auch Prinzip der Einheit in der Vielgestaltigkeit. Darin ist der Geist ein übermenschlich mächtiges Prinzip der Einheit; er gibt der Kirche die Zuversicht, die Einheit auch in einer zwar durchaus begrenzten, aber doch erheblichen Verschiedenheit zu wahren. Innerkirchlich mögliche Unterschiede sind dann nicht nur zu ertragen oder zu dulden, sie sind vielmehr als eine Selbstverständlichkeit und als ein Zeichen des Reichtums der Kirche zu betrachten, weil die begrenzte Verschiedenheit keine Beeinträchtigung der durch den Geist gebildeten Einheit ist. Was mit dem Geiste Christi vereinbar ist, das paßt auch in die Kirche Christi. Der Geist ist ein und derselbe Geist, aber die Gaben des Geistes sind vielgestaltig (vgl. Röm 12; 1 Kor 12 u. 14). Wir müssen uns aber fragen, ob wir nicht ängstlich um die Kraft des Geistes besorgt sind, so daß wir versuchen, die geistlichen Prinzipien der Einheit durch von uns erdachte Formen und Erscheinungen der Einheit, welchen wir leicht das Gewicht von Prinzipien geben, zu ergänzen und wirksamer zu machen. Wir wollen möglichst viel Formen und Erscheinungsformen der Einheit, zum Beispiel in der Liturgie, in der Sprache, und glauben, dadurch die Einheit der Kirche wesentlich zu stärken. Gewiß besteht die Einheit der Kirche nicht nur in den verborgenen Prinzipien der Einheit; zur Einheit der Kirche gehören auch Erscheinungsformen der Einheit, und es wäre falsch, sie zu vernachlässigen oder geringzuachten. Trotzdem kann man so auf die Erscheinungsformen der Einheit drängen und alle Vielgestaltigkeit so bedauern, daß darin ein Zweifel an der Kraft des Geistes zu einen, enthalten sein kann. Dann kann die erstrebte Konkretgestalt der Einheit die mögliche Vielgestaltigkeit des Christlichen ausschließen und damit auch die Kraft der Kirche reduzieren, die Verschiedenartigkeit der Welt und der Natur in das Reich Gottes einzubeziehen. Wenn es der Geist nicht ist, der eint, dann nützt auch das andere wenig; die christliche Einheit wird nicht durch einen Sprachgeist gewährleistet, sondern allein durch den Heiligen Geist.

Der Geist ist Kraft zur Einheit auch in einem anderen Sinne, in dem Sinne einer Einfachheit und Einheitlichkeit. Hier bedeutet Einheitlichkeit, daß der einzelne das Christliche aus seiner Mitte, aus der Entscheidung für Christus und auf Christus hin im Glauben entfaltet...

c. Eine dritte Frucht der Akzentuierung des Geistes könnte für den Christen eine spezifische und ganz bewußte Freiheit sein. Nach dem Neuen Testament ist Freiheit eine spezifische und schon diesseitige Frucht der Erlösung. „Wenn der Sohn euch frei macht, dann werdet ihr wirklich frei sein“ (Joh 8,36). „Wo der Geist des Herrn ist, da ist Freiheit“ (2 Kor 3,17). „Für die Freiheit hat Christus uns frei gemacht; so steht denn fest und laßt euch nicht abermals unter ein Sklavenjoch spannen“ (Gal 5,1). Dem wahrhaft Gläubigen kann niemand diese neue Freiheit aus der Bindung an Christus als gegenwärtige Frucht der Erlösung nehmen. Das will auch niemand. Es kann aber die Frage sein, ob diese Freiheit der Christen als eine gottgegebene Heilsfrucht auch gebührend Gegenstand unserer Verkündigung ist, ob diese Freiheit in der Bindung auch in der Kirche geschätzt und gepflegt ist...

Die katholische Überzeugung von der Freiheit in der Bindung an die Kirche kann trotzdem mit einem Seufzer darüber verbunden sein, daß vielfach erst eine Hülle, welche Gegenteiliges vermuten läßt, durchstoßen werden muß, um die Kirche als Raum der Freiheit, als den freien Raum der freien Kinder Gottes zu erkennen und zu erleben. Die Kirche muß sich dies auch selbst fragen, ob sie sich nicht den Anschein gibt, sie verkürze von sich aus gegen den Geist Christi wieder den Raum der Freiheit...

Die Kirche kann als Raum der Freiheit auch dadurch deutlich werden, daß die Kirche den Raum zur Diskussion zuversichtlich groß hält. Daß die Kirche diesen Raum groß halten kann, zeigt die Geschichte an klassischen Beispielen, etwa im Gnadenstreit (Congregatio de auxiliis gratiae), in welchem es gewiß nicht um geringfügige Fragen ging. Die Theologie braucht diesen Raum auch in unserer Zeit. Denn die Theologie hat so schwierige Aufgaben vor sich, deren Bewältigung im hohen Interesse der Gläubigen und damit der Kirche selbst liegt, daß hier ein Fortschritt nicht gleich und nur in der Form einer schlackenlosen Antwort zu erwarten ist. Schwierige Fragen können nicht durch ihr Verschweigen aus der Welt gebracht werden; sie können vielfach nur dadurch überwunden werden, daß die zunächst versuchsweise gegebenen Antworten durch die theologische Diskussion einer endgültigen Antwort näher gebracht werden. Selbst definierende Glaubensentscheidungen ersetzen nicht in jedem Sinne die Schritt um Schritt begründete theologische Arbeit. Mit Eingriffen in den Gang der Wissenschaft durch Organe, welche keine letzte Instanz darstellen und doch sehr ernst genommen werden wollen, hat die Kirche an Glaubwürdigkeit eingebüßt und sich selbst als Raum der Freiheit verdunkelt. Anderseits ist die Verwirrung über die christliche Wahrheit und Wirklichkeit, wie sie ohne kirchliches Lehramt vielfach besteht, nicht nur für uns bestürzend, und jeder, der sich bewußt ist, wie schwer es ist, in der Beschreibung der Offenbarungsgehalte den Weg der Wahrheit von sich aus einzuhalten, begrüßt das kirchliche Lehramt als Ermöglichung der Freiheit.

Aus: H. Volk, Gesammelte Schriften II, Mainz 1966.

Yves Congar

Für eine vom Evangelium geprägte Autorität

Mit der Reformation, die ungefähr gleichzeitig mit den großen schöpferischen Kräften der modernen Welt aufbricht (Erfahrungswissenschaften, Primat der individuellen Persönlichkeit, Trieb zu neuen Entdeckungen und Grenzausweitungen, historische und philosophische Kritik, wenn nicht schon Rationalismus), wird die Autorität nicht nur in ihren geschichtlichen Formen, sondern prinzipiell in Frage gestellt.

Die Antwort der Kirche, die seit dem Konzil von Trient klar formuliert war, bestand in einem doppelten Schritt, den die Kirche im allgemeinen tut, wenn sie ernstlich in Frage gestellt wird: Einerseits hat sie die Autorität neu bekräftigt und noch mehr konzentriert; anderseits hat sie deren Begriff und Praxis in Moral und Pastoral revidiert.

Sie hat die Autorität wieder bekräftigt, und nicht nur ihre eigene, sondern zuerst diejenige Gottes, seiner Offenbarung (Vaticanum I), diejenige Christi (Christkönig), des Staates (Enzykliken Leos XIII.), der Eltern. Die Ekklesiologie wurde für die Unterweisung des Klerus und der Gläubigen in einem Schema fixiert, in dem die Frage der Autorität so dominiert, daß dieser ganze Traktat eher eine Lehre von der Hierarchie (Hierarchologie) oder ein Lehrbuch des öffentlichen Rechts ist. In dieser Bekräftigung der Autorität erhält das Papsttum den Löwenanteil. Die Idee und die Ausübung der Autorität ist im heutigen Katholizismus zunächst die Idee und die Ausübung der päpstlichen Autorität. Der Papst ist wirklich *episcopus universalis*: Jeder Katholik steht bei der allgemeinen Ausrichtung seines christlichen Lebens viel unmittelbarer zu ihm in Beziehung als zu seinem eigenen Bischof – was man zu denken hat, steht in den Enzykliken; die Liturgie ist durch römische Urkunden vorgeschrieben, ebenso wie das Fasten oder die kanonische Ehevorbereitung und die *Ratio studiorum* der Seminare und kanonischen Fakultäten... Die Heiligen, die man verehrt, sind die, die Rom kanonisierte; die Ordengenossenschaften erbitten ihr Statut in Rom genauso, wie die Säkularinstitute das ihre von dort empfangen haben. Rom interveniert unmittelbar in Fragen der Anpassung des Apostolats (zum Beispiel Arbeiterpriester, Mission de France). Es überwacht die Publikation, Bücher und Zeitschriften, sogar die Katechismen, und veranlaßt gegebenenfalls, daß ihr Erscheinen eingestellt wird... Kurz, in der Kirche der Neuzeit wird die Autorität weitgehend von der zentralen und höchsten Instanz in Rom ausgeübt.

In einer Zeit, wo die moderne Welt sich auf dem Prinzip der individuellen Persönlichkeit aufzubauen beginnt und dabei bis zur Verkennung oder Leugnung der objektiven Rechte Gottes und seines Gesetzes geht, beschreitet die katholische Kirche seit dem sechzehnten Jahrhundert den Weg einer regelrechten Mystik der Autorität, wozu der Einfluß der Gesellschaft Jesu zweifelsohne nicht wenig beigetragen hat.

Charakteristisch für diese Mystik ist die Vorstellung einer völligen Entsprechung zwischen dem Willen Gottes und der institutionellen Form der Autorität. Gott selbst ist es, den man in ihr hört und dem man folgt. Der Spielraum des eigenen Urteils, den das Mittelalter dem Untergebenen noch so reichlich bewahrt hatte, ist praktisch auf ganz geringfügige Angelegenheiten beschränkt. Der Papst ist der sichtbare Christus, „der milde Christus auf Erden“, sagte schon Katharina von Siena, und jeder Obere ist es bis zu einem gewissen Grade auch. Mehr als einer sprach sogar von einer realen Gegenwart Christi unter der Person des Bischofs. Anderseits hat unsere Zeit, wenigstens in Frankreich, einen ausgiebigen und neuen Gebrauch der Ausdrücke: „die Hierarchie", „das Lehramt" erlebt, welche die Autorität vom Wort her in gesunder, aber starker Weise betonen.

Eine gewisse Verabsolutierung der Autorität oder des Gehorsams setzt die ganze Entwicklung der ekklesiologischen Vorstellungen voraus; wollte man diese Vorstellung darlegen, müßte man ihre vollständige Geschichte bieten. Wir wollen hier nur auf einen Punkt aufmerksam machen, der uns nicht nur am Rande zu liegen scheint. Das Bild von der Braut wurde in Anwendung auf die Kirche sehr früh aufgrund des paulinischen *„una caro"* (ein Fleisch) (Eph 5) in das Bild vom Leib einbezogen. Biblisch und theologisch sind diese Bilder verschieden und ergänzen sich: „Leib" drückt die Identität, „Braut" die Andersheit, das Gegenüber, die Beziehung der Kirche zu Christus als ihrem Herrn und zu ihrem Haupt im Sinne von Herr aus. Im Maß, wie das Motiv der Kirche als Braut mit dem der Kirche als Leib Christi zusammenfloß, erschien die Autorität Gottes als vollgegenwärtig – man könnte beinahe sagen: physisch und automatisch gegenwärtig – in der Autorität der Kirche; die absolute Norm der göttlichen Autorität war gleichsam adäquat einbezogen in die menschliche Norm der kirchlichen Instanzen. Tatsächlich ist in den Kämpfen des elften und zwölften Jahrhunderts zwischen dem Priestertum und den weltlichen Mächten ständig mit den Rechten der Kirche als Braut Christi und folglich *Mutter* der Christen argumentiert worden, Rechte, welche die Gottes selbst waren. Diese Entwicklung hätte selbstverständlich kaum erfolgen können, wenn man bei der alten Bedeutung von *ecclesia* als Bezeichnung der christlichen Gemeinde geblieben wäre...

Wenn wir die Geschichte, die wir in einigen bezeichnenden Termini und repräsentativen Gestalten an uns vorbeiziehen ließen, kurz zusammenfassen sollen, so würden wir unbedenklich sagen: Für die Kirche der Märtyrer gelten die Wörter: *der Herr* und *Diakonie*; Typos ist der heilige Paulus. Für die Kirche der Väter und der Mönchsbischöfe sind es die Wörter: *Ecclesia, Praepositi Ecclesiae, Deus inspiravit, ministerium*; Typoi sind: Ignatius von Antiochien und Cyprian, Ambrosius, Chrysostomus, Augustinus, Gregor der Große. Für die mittelalterliche Periode gelten die Wörter: *Vicarius Christi, caput, Sponsa-Mater-Magistra, regere, potestas*; Typoi sind: Gregor VII., Thomas Becket. Für die neue oder nachtridentinische Zeit finden wir die Wörter: „die Kirche", wenn es sich in Wirklichkeit um die Oberhäupter handelt, oder „die Hierarchie", „das Lehramt", aber auch „das Laientum" und „apostolisch"; Typoi sind: Ignatius von Loyola, Karl Borromäus, die „Pius-Päpste", das heißt die Päpste von Pius IX. bis Pius XII., Kardinal Suhard...

Wenn man das Ganze der Entwicklung ansieht, entdeckt man eine ziemlich deutliche Richtung: die der Entwicklung der Ekklesiologie selbst. Die erste Schau ist stets global; sie ist vielleicht weniger genau, dafür aber reicher als die späteren Analysen. Es wurde zunächst die Gemeinde, die *ecclesia* erschaut, dann mehr und mehr die *potestas* des Hauptes. Man erblickte zuerst *die aus christlichen Menschen gebildete Gemeinde*, danach betrachtet man die Einrichtungen, die Organisation. Alles wird zunächst einer transzendenten Ursache zugeschrieben, dann unterscheidet man nicht nur besser den Anteil der kirchlichen Mittel, sondern bleibt fast ausschließlich an ihrer Betrachtung hängen, nachdem ein für allemal begriffen ist, daß alles von Gott kommt. Die Dinge werden im einzelnen untersucht. Die Geschichte der Auslegung von Mt 16,18f ist hierfür lehrreich: „Dieser Fels" wurde ehemals als der Felsen des Glaubensbekenntnisses verstanden, und der Ton lag auf der christologischen Begründung; später sah man dann nur Petrus selbst. Ebenso sah man zunächst die Jungfrau Maria als die Mutter des *Christus-Gott*, später wurden *ihre* Privilegien im einzelnen dargestellt. In der Ekklesiologie sah man zunächst vor allem *Gott* am Werk, später die geschaffene Instanz als stellvertretende Inhaberin des Schatzes der von Gott verliehenen Gewalten.

Wir befinden uns gegenwärtig in der Periode der Wiederentdeckung unseres eigenen Erbes in seiner Weite und Tiefe, vor allem dank der eifrigen Befragung der Quellen aller Zeiten: Schrift, Tradition, Väter, Liturgie... Die Rückkehr zu den Quellen, die noch im Gang ist, hat bereits anfänglich eine gewisse Wiederentdeckung zweier religiöser Wirklichkeiten erzwungen, denen gegenüber die Autorität ihre Wahrheit finden muß: die Gnadenwirksamkeit des lebendigen Gottes und die heilige brüderliche Gemeinschaft der Gläubigen. Wenn man die Autorität in völlig authentischer Weise in Beziehung zu diesen beiden christlichen Wirklichkeiten setzt, dann läßt sich die Verrechtlichung überwinden, die nur auf die formelle Gültigkeit der Dinge achtet, ohne zu ihrem Sinn vorzudringen. Die Bewegung der Rückkehr zu den Quellen muß zur Wiederherstellung einer ganz dem Evangelium gemäßen Auffassung der Autorität gelangen, die zugleich ganz theologal und ganz gemeinschaftsbezogen ist. Wir sind dazu auf gutem Wege. Weit über allen Moralismus hinaus haben wir die *agape* wiederentdeckt, das Laientum, die Gemeinde, die Mission und den Dienst als dem Christenleben wesentliche und gleichräumige Dimensionen. Wir leiten die religiöse Beziehung stärker vom Bund her, welcher Annahme der Gabe Gottes im Glauben und Leben aus dieser Gabe Gottes in uns durch die *agape*, den Dienst, das Zeugnis und die Danksagung ist. All das hängt zusammen, alles wird zusammen verloren und wiedergefunden. Wie wir zu einer vorkonstantinischen Situation in einer heidnischen Welt zurückgelangen; wie wir wissen, daß wir in ihr nur eine Minderheit sind und ihr Jesus Christus verkündigen müssen, so gehen wir zweifellos einer Zeit entgegen, wo wir – ohne etwas von dem im Verlauf der Geschichte wertbeständig Erworbenen zu verlieren – ganz vom Evangelium geprägte Formen der Autoritätsausübung in der neuen Welt wiederfinden werden, der zu dienen Gott uns ruft.

Aus: Y. Congar, Für eine dienende und arme Kirche (Grünewald Reihe), Mainz 1965.

Josef Maria Reuss

Eine päpstliche Entscheidung über die Empfängnisregelung?

Die durch den Beistand des Hl. Geistes gewährleistete Unfehlbarkeit des kirchlichen Lehramtes, d. h. das Nicht-irren-Können des kirchlichen Lehramtes in Glaubens- und Sittenlehren, ist nach den Aussagen dieses Lehramtes selbst eingegrenzt auf diejenigen Glaubens- und Sittenlehren, die wenigstens implizit im Offenbarungsgut, das sich in der Heiligen Schrift und in der apostolischen Tradition findet, enthalten sind. Deshalb können von dem kirchlichen Lehramt nur solche Glaubens- und Sittenlehren unfehlbar und damit absolut irrtumsfrei verkündet werden, die entweder ausdrücklich in dem Offenbarungsgut enthalten sind oder sich aus ihm durch einen nur erklärenden Schluß aufzeigen lassen; ein erweiternder Schluß aus einer geoffenbarten Wahrheit unter Zuhilfenahme einer natürlichen Erkenntnis reicht zu einer unfehlbaren Verkündigung nicht aus.

Die Wahrheit (Wahrheit im Sinne von Irrtumslosigkeit der Aussage, nicht aber im Sinne einer die volle Wahrheit beinhaltenden Aussage) einer als unfehlbar gemachten Lehraussage steht fest, weil ihr Inhalt in der Offenbarung Gottes enthalten ist; für diese Tatsache selbst garantiert die durch den Beistand des Hl. Geistes unfehlbare Lehre des Lehramtes (sei es das außerordentliche Lehramt des Papstes allein oder der mit dem Papst vereinigten Bischöfe, sei es das ordentliche Lehramt der in Gemeinschaft miteinander sowie mit dem Papst übereinstimmend lehrenden Bischöfe), daß diese oder jene Glaubens- und Sittenlehre zum Offenbarungsgut gehört. Dabei steht die so gekennzeichnete Unfehlbarkeit des kirchlichen Lehramtes auch nur fest, weil sie im Offenbarungsgut enthalten ist.[1] Mit anderen Worten: Wenn das kirchliche Lehramt (sei es als ordentliches, sei es als außerordentliches Lehramt) eine Glaubens- und Sittenlehre unfehlbar ausspricht, dann ist diese Lehre absolut irrtumsfrei, weil das kirchliche Lehramt durch den Beistand des Hl. Geistes das Offenbarungsgut, das es heilig hält, getreulich auslegt.[2] Das aber heißt: Die Wahrheit des Inhaltes unfehlbarer Lehrentscheidungen steht letztlich nicht deshalb fest, weil diese Lehren unfehlbar gelehrt werden, sondern weil Gott sie geoffenbart hat.

Daß aber der Inhalt der unfehlbaren Lehrentscheidungen mit der göttlichen Offenbarung in innerem Zusammenhang verbunden ist, das steht deshalb fest, weil das durch den Beistand des Heiligen Geistes unversehrt bewahrte Offenbarungsgut durch den Beistand desselben Heiligen Geistes irrtumsfrei ausgelegt wird. Und so ist das eigentliche Warum, eine unfehlbar verkündete Lehre für wahr zu halten, der sich uns offenbarende Gott selbst, der sich nicht irren und uns nicht belügen kann. Nur so kann mit Glaubensgewißheit, also absolut irrtumsfrei, feststehen, daß die unfehlbar ausgesagten Glaubens- und Sittenlehren als im Offenbarungsgut enthalten wahr sind.[3]

1 Es sei dazu aus den vorhergehenden Überlegungen nur darauf hingewiesen, daß das Vat. I die päpstliche Unfehlbarkeit ausdrücklich als ein von Gott geoffenbartes Dogma bezeichnet: DS 3073 und 3074.

2 Vgl. DS 3070, Lumen gentium Nr. 25: „Haec autem infallibilitas, qua Divinus Redemptor Ecclesiam suam in definienda doctrina de fide vel moribus instructam esse voluit, tantum patet quantum divinae Revelationis patet depositum, sancte custodiendum et fideliter exponendum."

3 Daß hiermit auch die ganze Problematik der „analysis fidei" berührt wird, ist dem theologischen Fachmann klar; diese Problematik, die eine „crux theologorum" ist, hindert aber nicht, das Selbstverständnis des kirchlichen Lehramtes von seiner Unfehlbarkeit so zu beschreiben, wie das kirchliche Lehramt seine Unfehlbarkeit versteht.

Daraus ergibt sich auch, daß eine durch das Naturgesetz begründete Aussage nur dann unfehlbare kirchliche Lehraussage werden kann, wenn sie wenigstens implizit im Offenbarungsgut enthalten ist. *Nur* aus dem Naturgesetz zu begründende Aussagen können nicht Gegenstand einer unfehlbaren kirchlichen Lehrentscheidung sein.[4]

Wenn man nun von der kirchlichen Tradition oder Überlieferung spricht, so ist also, was die Unfehlbarkeit dieser Tradition betrifft, zwischen der apostolischen Tradition und einer Lehrtradition, wie sie sich im Verlauf der Kirchengeschichte gebildet hat, zu unterscheiden. Nur der apostolischen Tradition, insofern sie zum *depositum revelationis* gehört und deshalb die Glaubenszustimmung fordert, kommt aus sich heraus Irrtumslosigkeit zu. Einer später entstandenen kirchlichen Lehrtradition kommt aus sich heraus die Irrtumslosigkeit nicht zu; sie kann ihr nur zukommen, insofern und insoweit sie apostolische Tradition enthält, so daß sie bezüglich ihrer Irrtumslosigkeit doch wieder auf die apostolische Tradition verwiesen ist. Daß eine kirchliche Lehrtradition, die sich später herausgebildet hat, eine getreuliche Auslegung der unversehrt bewahrten apostolischen Tradition ist, kann irrtumsfrei nur feststehen, wenn das ordentliche oder das außerordentliche kirchliche Lehramt eine solche Lehrtradition unfehlbar als in der göttlichen Offenbarung enthalten erklärt. Es reicht zur Irrtumslosigkeit einer Glaubens- und Sittenlehre

4 Mit der Frage „Kirche und Naturrecht" setzt sich J. David, Neue Aspekte der kirchlichen Ehelehre, Bergen-Enkheim 1966, 71–89, auseinander. Auch er ist der Auffassung, daß die kirchliche Autorität keine unfehlbare Lehraussage machen kann, wenn diese Lehraussage sich nur auf das Naturrecht gründet. Er begründet seine Stellungnahme aber anders, als es hier geschehen ist, und unterscheidet sich auch in der Durchführung von unserer Auffassung.

nicht aus, daß sie vom Papst und allen Bischöfen auf dem Erdkreis übereinstimmend vorgetragen wird, sondern sie muß von ihnen übereinstimmend als in der Offenbarung Gottes enthalten verkündet werden. Die Unfehlbarkeit des kirchlichen Lehramtes und damit die Irrtumslosigkeit der kirchlichen Lehre ist – das sei nochmals ausdrücklich betont – auf die unversehrte Bewahrung und die getreuliche Auslegung der göttlichen Offenbarung eingegrenzt...

Sollte man den Papst zu einer solchen Entscheidung, die nur eine nicht-unfehlbare Lehrentscheidung sein könnte, wirklich drängen? Nein, sagen alle diejenigen, für die feststeht, daß jede kontrazeptive Handlung in sich schlecht ist. Die Vertreter dieser Auffassung wünschen vielmehr eine zumindest die Lehre von *Casti connubii* von der sittlichen Schlechtheit jeder kontrazeptiven Maßnahme reaffirmierende Lehrentscheidung, auch wenn sie durchaus nicht sämtliche einschlägigen Lehraussagen Pius' VII. reaffirmiert wissen wollen. Und wie steht es mit denjenigen, die nicht der Auffassung sind, daß alle kontrazeptiven Maßnahmen ausnahmslos sittlich in sich schlecht seien, sondern nur solche, die nicht aus objektiven und entsprechend schwerwiegenden Gründen vorgenommen werden und so den göttlichen Auftrag „Seid fruchtbar! Mehret euch!“ (Gen 1,28) vor menschlicher Willkür, die ihren Grund in Egoismus und Hedonismus hat, schützen? Auch von den Vertretern dieser Auffassung möchten nicht wenige den Papst zu einer ihrer Auffassung entsprechenden Lehrentscheidung drängen. Und da die Vertreter beider Auffassungen von der Richtigkeit ihrer Auffassung überzeugt sind und die schwere Belastung durch die jetzt bestehende Unsicherheit kennen, so können sie durchaus gewichtige Motive ins Feld führen, aus denen heraus sie den Papst zu einer Entscheidung drängen möchten.

Es wäre an der Zeit, daß die verschiedenen Richtungen zunächst bedenken sollten: Dem Papst ist keine Entscheidung zumutbar, die für ihn selbst noch nicht ausgereift ist. Er kann nicht gegen sein Gewissen handeln. Man sollte ferner nicht vergessen, daß die Diskussion erst vor einigen Jahren begonnen hat und daß beide Richtungen unter Berücksichtigung der durch die Diskussion vertieften Erkenntnisse ihre Argumentationen wohl noch gründlicher durchdenken und darlegen könnten, um der Wahrheitsfindung zu dienen.[5] Und auf die Wahrheitsfindung ist auch der Papst für eine von ihm zu gebende Stellungnahme, die nicht unbedingt sofort eine ausdrückliche, wenn auch nicht-unfehlbare Lehrentscheidung sein müßte, angewiesen. Denn der Papst ist im Hinblick auf seine Stellungnahme nicht frei im Sinne des Ungebundenseins, sondern er ist der Wahrheit verpflichtet und an sie gebunden. Und für ihn ist die Wahrheitsfindung wahrlich nicht leichter als für die Wissenschaftler. Auch er kann in seiner Lehrentscheidung irren, wenn es sich nicht um eine unfehlbare Lehrentscheidung handelt; nur bei einer unfehlbaren Lehrentscheidung bewahrt der Beistand des Heiligen Geistes ihn davor, eine Lehre deshalb als wahr im Sinne von irrtumsfrei zu erklären, weil sie in der göttlichen Offenbarung enthalten ist.

5 Selbstverständlich gilt das auch für unsere Diskussionsbeiträge zu dieser Frage (vgl. Eheliche Hingabe und Zeugung, in: Tübinger Theologische Quartalschrift 143 [1963] 454–476; Nochmals zum Thema „Eheliche Hingabe und Zeugung“, aaO. 144 [1966] 445–476; Zeugungsziel und eheliche Vereinigung, in: Der Seelsorger 36 [1966] 249–259). Wir fühlen uns deshalb auch verpflichtet, unsere in diesen Publikationen vertretene Auffassung, daß zwar jeder willkürliche (egoistische und hedonistische) kontrazeptive Eingriff sittlich in sich schlecht, dagegen eine aus objektiven und zugleich entsprechend schwerwiegenden Gründen vollzogene kontrazeptive Maßnahme zu rechtfertigen sei, durch weitere Untersuchungen zu erhärten.

Wer die Fülle der Probleme kennt, die zu einer in jeder Hinsicht ausgereiften und „Implikationen“ vermeidenden Lehrentscheidung noch weiter zu klären sind, kann dem manchmal mißdeuteten Zögern des Papstes, mit dem er eine Lehrentscheidung über die sittliche Erlaubtheit kontrazeptiver Eingriffe vor sich her schiebt, nur den höchsten Respekt zollen. Denn sein Wort hat ein ungleich größeres Gewicht als die von Wissenschaftlern und auch von verschiedenen Bischöfen in verschiedenen Erdteilen vertretenen Auffassungen. Seine Verantwortung, eine Entscheidung zu treffen, ist ungleich größer als die Verantwortung jener, die nach bestem Wissen und Gewissen wissenschaftliche Abhandlungen schreiben. (Wer dagegen in diesen Fragen sich so leichthin publizistisch betätigt, wie es heute leider nicht selten geschieht, müßte sich prüfen, ob er noch verantwortlich handelt.) Und die Verantwortung des Papstes im Hinblick auf eine zu treffende Entscheidung ist auch größer als die Verantwortung der einzelnen Bischöfe, die sich aus pastoralen Gründen auch vor einer päpstlichen Entscheidung zu einer nach bestem Wissen und Gewissen zu äußernden Stellungnahme verpflichtet fühlen.
Gerade deshalb erscheint es wünschenswert, daß der Heilige Vater – dies sei in aller geschuldeten Ehrfurcht, aber auch in nicht minder geschuldetem christlichem Freimut gesagt – die nun einmal begonnene öffentliche innerkirchliche Diskussion nicht nur weiterhin dulden (schon dafür ist ihm zu danken), sondern fördern würde. Geheime Diskussionen hinter verschlossenen Türen mit streng auferlegter Schweigepflicht der Diskussionspartner stellen heute wohl nur selten die geeignete Weise dar, um den Christen zu jener Mündigkeit zu helfen, welche die heutige Zeit mehr denn je von ihnen fordert. Wir bestreiten nicht die Gewissenhaftigkeit derer, die eine Diskussion gerade in dieser Form anordnen und durchgeführt wissen

wollen. Aber diese Form hat doch die Gefahr, daß Gewissenhaftigkeit in Ängstlichkeit umgedeutet wird. Die Kirche und ihr oberster Hirt und Lehrer sollten sich nicht fürchten, solche fachlichen Diskussionen zu veröffentlichen, zumal wenn dadurch der wissenschaftliche Ernst und der Geist brüderlicher Liebe, die sich bei allen Meinungsverschiedenheiten kundtun, offenbar werden. Dabei kann es durchaus nicht wünschenswert sein, daß man alle Einzelheiten, die oft nur Verwirrung stiften würden, veröffentlicht. Aber der Kern der Problematik, die diskutiert wird, sollte so bekanntgemacht werden, daß auch andere diskussionsfähige Partner mitarbeiten können. (Das wäre auch das beste Mittel, um Indiskretionen, die immer lückenhaft bleiben und das wahre Bild der Diskussion verzerren, entsprechend zu begegnen, falls sie nicht auf diese Weise überhaupt verhindert werden.) Das, und nicht eine sofort zu treffende Lehrentscheidung, wäre das Erste, was um der Wahrheitsfindung willen vom Heiligen Vater zu erbitten wäre.

Und das Zweite wäre das freimütige Eingeständnis, daß das kirchliche Lehramt – und zwar das ganze Lehramt, das aus Papst und Bischöfen besteht – sich in der Beantwortung der Frage der sittlich erlaubten Empfängnisregelung nicht einig ist und daß damit objektiv eine Unsicherheit des Lehramtes als Ganzem, wenn auch nicht – entsprechend der Erklärung des Heiligen Vaters – des päpstlichen Lehramtes, in dieser Frage gegeben ist. Wenn auch der Heilige Vater selbst sich in dieser Frage, die er nicht mit einer unfehlbaren Lehrentscheidung beantworten kann, nur in einem Stadium des Studiums und des Nachdenkens befindet, so hat die von der Auffassung des Papstes abweichende und mit sachlichen Gründen vertretene Auffassung nicht weniger bischöflicher Mitglieder des Lehramtes doch ein solches Gewicht, daß eine Unsicherheit des aus Papst und Bischöfen bestehenden Lehramtes zugege-

ben werden kann und muß. (Es sei nur zur Vermeidung von Mißverständnissen eigens angemerkt, daß die Lage eine ganz andere wäre, wenn der Papst in dieser Frage eine unfehlbare Lehrentscheidung treffen könnte.)
Und noch ein Drittes würde eine gar nicht hoch genug einzuschätzende Hilfe bedeuten: der bis zur letzten Konsequenz durchzutragende Grundsatz: *In dubiis libertas.*[6] Der Heilige Vater könnte die bestehende Unsicherheit – sie besteht sowohl durch die innerkirchliche Diskussion als auch durch die ablehnende Haltung des Konzils, die Lehren Pius' XI. und Pius' XII. mit konziliarer Autorität einfachhin zu reaffirmieren und das von ihm nicht als definitiv betrachtete Ergebnis der Arbeiten der Päpstlichen Kommission – wenigstens für die praktische Haltung der Ehegatten und das pastorale Vorgehen schon dadurch beheben, daß er den ihm als dem obersten Hirten und Lehrer der Kirche anvertrauten Christen zwar das, was mit Sicherheit feststeht, nämlich die sittliche Schlechtheit jeder willkürlichen kontrazeptiven Maßnahme, mit aller Eindringlichkeit einschärft, aber die objektiv zweifelhaften Fragen dem redlichen Gewissensurteil der unmittelbar Betroffenen, also den Eheleuten und gegebenenfalls ihren Gewissensberatern, überläßt. Das würde bedeuten, daß er sie nicht durch eine Disziplinaranweisung verpflichtet, das weiterhin für gültig zu halten oder zu erklären, über dessen objektive Gültigkeit eine Entscheidung zu geben er selbst jetzt nicht in der Lage ist. Damit würde er in keiner Weise doch implizit das tun, wozu er sich jetzt nicht in der Lage sieht, nämlich die Lehren Pius' XI. und Pius' XII. ändern. Er würde vielmehr nur zugeben, daß sie aufgrund der jetzt gegen ihre uneingeschränkte Gültigkeit mit ge-

6 Unsere Bemühung, den Priestern eine Hilfe für die jetzige Ehepastoration anzubieten (siehe: Zur derzeitigen Ehepastoral, in: Diakonia 1 [1966] 234–236) wendet diesen Grundsatz an.

wichtigen Argumenten geltend gemachten Bedenken nicht in ihrem ganzen Umfang mit solcher Gewißheit vertreten werden können, mit der man sie noch bis vor kurzem vertreten zu müssen überzeugt war.
Die Erfüllung der drei dargelegten Bitten erscheint uns pastoral nicht nur tragbar, sondern geradezu geboten zu sein. Pastoral geboten deshalb, weil in der heutigen Zeit eine Vertrauenskrise im Hinblick auf jede amtliche Autorität überhaupt besteht. Davon bleibt auch die Haltung der Katholiken gegenüber der kirchlichen Autorität und insbesondere der Autorität des kirchlichen Lehramtes nicht unberührt. Vertrauen aber kann man nicht gebieten, sondern nur wecken und bestärken. Und dem könnte die Erfüllung der drei vorgetragenen Bitten unseres Erachtens nur dienen.

Aus: J. M. Reuss, Soll man auf eine päpstliche Entscheidung über die Empfängnisregelung drängen? Diakonia, Internationale Zeitschrift für praktische Theologie. Heft 4/1967, Mainz / Olten 1967 (stark gekürzt).

Edward Schillebeeckx

Auf dem Weg zu einer kritischen Theologie

Der Glaube muß selbständig eine aktive Rolle in der kritischen Reflexion erfüllen. Mit anderen Worten, christlicher Glaube verlangt nach einer *kritischen Theologie*. Und zwar vor allem aus zwei Gründen.

a. Bei seinem Suchen nach dem Grund des Glaubens stellt der Gläubige fest, daß er sich in einem „Zirkel" befindet: Er glaubt, weil er glaubt, das Warum des Glaubensaktes läßt sich letztlich nur in diesem Glaubensakt selbst, in der „analysis fidei" finden.[1] Das impliziert wesentlich, daß auf anderen Ebenen als der des Glaubensaktes andere Interpretationen des Glaubens möglich sind. Als denkendes Wesen sucht deshalb auch der Gläubige nach solchen anderen Interpretationen und wendet sich zu diesem Zweck zum Beispiel der Religionspsychologie und -soziologie zu. Der Glaube selbst sucht daher in jedem denkenden

1 Thomas gründet die Sicherheit und das spezifische Kriterium des Glaubensinhaltes (und zwar mit Recht) auf das sogenannte Glaubenslicht. Das „motivum fidei" wird dank der Glaubensgnade *im* Glaubensakt erreicht; die „motiva credibilitatis" muß man davon streng unterscheiden, weil sie auf einer anderen Ebene liegen; auf der Ebene des sittlich begründeten und freien Gebrauchs der menschlichen Vernunft. Das Warum meines Glaubens kann ich nur *im Glauben* bejahen, und das läßt sich rational nicht bis auf den Boden ausloten, wenn man auch ebensowenig sagen kann, der Glaubensakt sei vernunftmäßig unbegründet. Das ist die magistrale Grundidee des thomasischen Glaubenstraktats. Die Theologie aus der Zeit nach Cajetan hat diese ursprüngliche Auffassung des heiligen Thomas verkannt; dadurch verschwand das Glaubenslicht faktisch aus der Theologie, bis es zu Beginn dieses Jahrhunderts einerseits von der Schule von Le Saulchoir (Gardeil, Chenu) und anderseits von P. Rousselot wieder entdeckt wurde.

Menschen nach einer Begründung außerhalb der religiösen Ebene. Das ist gerade das Kennzeichen eines gläubigen Menschen, der auch denkt. Die Rechtfertigung des Glaubens ist der Glaube selbst; in gewissem Sinn kann man sagen: Der Gläubige *weiß* nicht, warum er glaubt, und wenn er tatsächlich wüßte, warum, hätte sich der Glaube selbst aufgelöst. Dies alles bedeutet jedoch nicht, daß sich das Suchen nach einem Grund für den Glauben innerhalb einer Zone abspielen würde, zu der die Kritik keinen Zugang hat. Denn die Glaubenssicherheit selbst befindet sich in einem Gebiet, in dem es möglich ist, die Glaubensbegründung an mancherlei anderen, nämlich rationalen Interpretationsmöglichkeiten zu testen, die aber nicht rational wahrmachen können, daß die gläubige Interpretation unvernünftig oder sinnlos ist, da sich diese Interpretation rational nicht in ihrer ganzen Tiefe fassen läßt.
Der gläubige und zugleich denkende Mensch erfährt also in sich selbst eine Spannung. Als Glaubender kann er seinen Glauben nur *religiös* interpretieren, als denkender Mensch muß er versuchen, ihn *nicht-religiös* zu interpretieren, da dies als Möglichkeit tatsächlich seinem Denken angeboten wird und im übrigen in seinem Gläubigsein faktisch eine Rolle spielt, wie von verschiedenen Wissenschaften, die sich mit der Religion beschäftigen, wie zum Beispiel Psychologie, Psychoanalyse, Soziologie und kritische Theorie, deutlich aufgezeigt wurde. Vor allem P. Ricoeur hat das Problem der „Vielförmigkeit von Interpretationsmöglichkeiten" scharf gestellt[2] und zumindest die Frage erhoben, wie sie miteinander in Konflikt sind und wie eine Versöhnung zu erreichen ist. Denn der Gläubige kann die Gültigkeit der nichtreligiösen Interpretationen nicht leugnen oder einfach behaupten: und doch ist

2 P. Ricoeur, Le conflit des interprétations. Essai d'herméneutique, Paris 1969.

Gläubigsein etwas anderes. Ein solcher Standpunkt würde gefährlich weit in die Richtung von Glaubens- und Offenbarungspositivismus gehen.
Bei einer philosophischen Reflexion über unser Menschsein, zum Beispiel in Verbindung mit dem evolutionistischen Weltbild, wird klar, daß ein Unterschied besteht zwischen dem Entstehungsprozeß einer menschlichen Überzeugung und dem letztlichen Grund derselben. So sind auch die Art und Weise, wie man zum Glauben gekommen ist, und der Grund, warum man glaubt, nicht dasselbe; die Entstehungsgeschichte des Glaubens läßt sich mit Hilfe von Psychologie, Soziologie und Gesellschaftstheorie rational analysieren, aber damit hat man noch nicht geklärt, welches der Grund und die Quelle des Glaubens ist. Die wissenschaftliche Analyse wird nämlich immer das aktive Subjekt all dieser objektivierbaren und analysierbaren Äußerungen, nämlich den Menschen in der Gesellschaft, *voraussetzen* und nicht als solchen in ihre Forschung einbeziehen. Die Wissenschaften schaffen den „Menschen in der Welt“ mit seinen sozialen, ethischen und religiösen Dimensionen nicht; das ist eine Gegebenheit, die der wissenschaftlichen Analyse vorausgeht und von denen diese ausgeht. Ebendiese vorausgesetzte Gegebenheit geht die kritische Reflexion an, um den Grund und die Quelle der Entstehungszusammenhänge zu untersuchen.[3] Der „objektivierte Teil“ des Menschen, der von

3 Mit Recht sagt P. L. Berger: Die Soziologie untersucht „die Religion als eine menschliche Projektion, insofern sie auf spezifischen Infrastrukturen der menschlichen Geschichte gründet“; „der Inhalt des Christentums wird, wie der jeder anderen religiösen Tradition, als menschliche Projektion analysiert werden müssen“; „und nur nachdem er wirklich begriffen hat, was es bedeutet zu sagen, Religion sei ein menschliches Produkt oder eine menschliche Projektion, kann er *innerhalb* dieses Gebiets von Projektionen nach dem suchen, was *Transzendenzsignale* sein können“ (The Sacred Canopy, Garden City/New York 1967, 180, 186, 188).

den Wissenschaften untersucht wird, ist aber nicht der ganze Mensch. Daß sich die Fülle des Menschseins darin nicht erschöpft, manifestiert sich in der philosophischen Reflexion. Die Tatsache der Reflexion zeigt selbst schon auf, daß der Mensch nicht mit dem zusammenfällt, was von ihm in der Geschichte objektiviert ist und wissenschaftlich untersucht werden kann. Der Mensch übersteigt die Wissenschaften und ihre Interpretationen, und ebendas ist der Grund, warum er in der Geschichte unerwartete und unverhoffte Dinge geleistet hat und diese in Zukunft auch immer wieder in neuen Leistungen übertreffen kann.

Diese menschliche Möglichkeit zum Übertreffen seiner selbst ist ein unergründliches Geheimnis und läßt sich nicht mit dem identifizieren, was die Wissenschaften davon festlegen. Deshalb bleibt eine Interpretation in der Tiefe möglich, die eben den *Grund* dieser menschlichen Transzendenz zu erfassen versucht – die nach einer Freiheit sucht, die unsere Freiheit ermöglicht und grundlegt. Der christliche Glaube sieht den Grund dieser menschlichen, von der Wissenschaft nicht zu erfassenden Transzendenz in der göttlichen Transzendenz, die den Menschen auf eine transzendent-innere Weise befähigt, das Erreichte in der Richtung des Erhofften und Verheißenen, das „Schon" in der Richtung des „Noch nicht" zu übertreffen. Daß diese Interpretation des christlichen Glaubens möglich und sinnvoll ist, kann mit den eigenen Methoden und Erklärungsmodellen der Wissenschaften nicht entkräftet werden. Die Wissenschaft muß daher diese Möglichkeit offen lassen.

b. Der zweite Grund, warum der Glaube nach einer kritischen Theologie verlangt: Auch der christliche Glaube selbst kennt eine Spannung zwischen dem, was Gott schon von seiner Verheißung erfüllt hat, und dem, was uns noch zu erhoffen bleibt, zwischen dem „Schon" der präsentischen Eschatologie und dem „Noch nicht" der futurischen Eschatologie: Der christliche Glaube steht mitten in der Geschichte einer sich realisierenden Eschatologie. In der Bibel, sowohl im Alten als auch im Neuen Testament, wird die Frage nach Sinn als eine Frage nach dem letzten endgültigen Sinn der Geschichte aufgefaßt. Was dieser Endsinn genau bedeutet, ist uns nicht mitgeteilt worden, es sei denn in negativen, evozierenden Symbolen: ein Reich ohne Tränen, ohne Elend oder Entfremdung. *Daß* sich dieser Sinn kraft des Glaubens in Jesus Christus tatsächlich realisieren läßt, ist uns jedoch als eine erlösende Möglichkeit und als Auftrag verheißen.

In diesem Sinn kann man sagen, daß die Theologie, die kritisch-rationale Reflexion, mit der „Hypothese" arbeitet, welche eben die Thesis des Glaubens ist: Der in der Bibel gegebene Sinn kann und muß und wird auch immer wieder von neuem aufgenommen und aktualisiert werden. Diese Hypothese wird im Verlauf der Geschichte selbst klargemacht werden müssen, und man muß ebenfalls die Möglichkeit offenhalten, daß die Hypothese verfälscht wird, wenn nämlich der Versuch, den biblischen Sinn in der Geschichte zu verwirklichen, grundlegend und endgültig aufgegeben würde. In diesem Licht dürfte klar sein, daß der Theologe nicht von der Hypothese ausgeht, daß ständiger Fortschritt gesichert ist, noch von der Hypothese, daß der Untergang unabwendbar ist, sondern auf der Voraussetzung gründet, daß es *nicht unmöglich* ist, der ambivalenten Geschichte einen Sinn zu geben, und daß deshalb dieser Versuch nie aufgegeben werden darf, auch wenn man als Theologe nicht imstande ist, je ein Prinzip – theoretisch oder praktisch – aufzustellen, aufgrund dessen sich das Ganze der Geschichte umfassen ließe. Dies Letztere unterscheidet den christlichen Theologen von der Geschichtsauffassung sowohl Hegels als auch Marxens – die

heutigen Neuaktualisierungen des hegelianischen und marxistischen Denkens für einen Moment außer Betracht gelassen.
Unter die Kritik des christlichen Glaubens fallen also sowohl defaitistische Interpretationen der Geschichte als auch Interpretationen, die theoretisch oder praktisch von einem Gesamtsinn ausgehen, der von vornherein feststände, und sei es nur in der Form einer Utopie. Andererseits kennt der Glaube keine sturmfreie Zone, in welche die Kritik nicht vordringen könnte.[4] Der Sinn, der uns in historischem Offenbarungsgeschehen mitgeteilt worden ist, ist kein übergeschichtliches „Identitätssystem"; der Glaube partizipiert an der Ambivalenz alles Geschichtlichen, wie Jesus von Nazareth selbst an der Anfechtbarkeit partizipierte, die kennzeichnend für die ganze Menschengeschichte ist – der Grund, warum auch begründete nicht-christliche Interpretationen des Christusereignisses möglich sind. Zwischen dem Glaubensbewußtsein und dem historisch-kritischen Bewußtsein besteht infolgedessen ein *innerer* Zusammenhang, wie deutlich geworden ist aus der Art und Weise, wie die Anhänger des „New Quest" die geschichtliche Frage nach Jesus erneuert haben, und auch aus der Möglichkeit, die Schrift von form-

4 Wenn man das rational nicht ganz zu ergründende Glaubensmotiv (nach der Tradition das sogenannte „lumen quo" des Glaubens) eine „sturmfreie Zone" nennen will, gibt es tatsächlich eine sturmfreie Zone im Glauben. Aber das scheint mir in diesem Zusammenhang ein uneigentlicher Sprachgebrauch zu sein. Denn die unantastbare Glaubenssicherheit steht mitten in rationalen Unsicherheiten und in der Ambiguität der Geschichte, und diese sind nicht sicher vor der Kritik. Die Gnade hat aber Priorität vor unserer gläubigen fundamentalen Lebensoption und liegt unserem Glaubensakt immer um eine nicht einzuholende Länge voraus. Der Glaube kann daher in einer nicht sturmfreien Zone standhalten und trotzdem vernunftgemäß begründet und nicht-unsinnig sein. Die Vernunft selbst operiert im Mysterium der unergründlichen, nie völlig rationalisierbaren Wirklichkeit.

und traditionsgeschichtlichen Methoden aus anzugehen.[5] Die Bibel gibt Antwort auf die grundlegenden Fragen nach Sinn, indem sie uns eine gläubige Interpretation der Geschichte anbietet, die selbst kritisch ist, da sie sich von anderen Interpretationen absetzt. Weil auch die christliche Interpretation wesentlich in der Geschichte steht, muß sie sich permanent und konsequent im reflexiven kritischen Denken fortsetzen. Der Glaube selbst verlangt danach, weil er für Kritik offensteht, was aber noch nicht bedeutet, daß er von der Kritik untergraben werden kann. Gerade die kritische Reflexion kann aufzeigen, daß andere Interpretationen des christlichen Glaubens zwar nicht unbegründet zu sein brauchen, aber daß die christliche Interpretation der Geschichte genausowenig unbegründet ist. Sie läßt sich rational begründen, wenn sie auch nicht die einzige ist, die begründet werden kann – eine Situation, die ihren Grund in der Ambiguität des geschichtlichen Geschehens selbst hat.

Sieht man dies ein, dann wird auch deutlich sein, in welcher Richtung eine kritische „thematische" (oder dogmatische) Theologie ausgebaut werden muß. Sie muß von der Frage nach Sinn ausgehen, verstanden als Frage nach dem Sinn der Geschichte. Die Eschatologie wird daher der Horizont sein, in dem Themen wie Erlösung, die Bedeutung Christi und der Kirche thematisiert werden müssen. Der kritische und hermeneutische Beitrag, den der Theologe der heutigen und kommenden Praxis der Kirche bieten kann, besteht in einem kritischen und zugleich aktualisierenden und hermeneutischen Verständnis der Vergangen-

5 In dem 1970 erschienenen Artikel von F. Schupp, Kritisches Denken in der Theologie, in: ZKTh 92 (1970), 328–341, wird daher mit Recht gesagt, die *Tatsache*, daß man die Bibel mit der historisch-kritischen Methode erforschen kann, reiche weiter als eine „Methodenfrage". Darin kommt das wesentliche In-der-Geschichte-Stehen des Glaubens zum Ausdruck.

heit, um daraus für unsere Situation in der Gegenwart eine Richtung zu entdecken, in der wir auf verantwortliche Weise auf die Zukunft hin leben können.
Die Theologie ist das kritische Selbstbewußtsein der gläubigen Praxis in Welt und Kirche. Geht man davon aus, dann scheint es mir keineswegs beunruhigend, daß der Theologe in unseren Tagen – und bis zu einem gewissen Grade ist dies immer der Fall gewesen – sowohl von der „rationalistischen" Vernunft als auch vom (unkritischen) Glauben verdächtigt wird. In beider Augen wird er die Wirklichkeitsinterpretation, die sie vertreten, verleugnen und deshalb als Ketzer gelten. So ist die kritische Glaubenswissenschaft, die die Theologie sein will, sowohl vom „Glauben" als auch von der „Vernunft" verketzert, in der Tat „nirgends". Aber eben das ist ihr eigener unersetzlicher Beitrag zur Wirklichkeitsinterpretation sowohl der Vernunft als auch des Glaubens, insofern beide unabwendbar dazu neigen, sich im Establishment eines *Systems* zu konsolidieren. Die Theologie ist somit die Hüterin der Transzendenz, nicht als ob diese einfach eine „Gegebenheit" wäre, die wie ein Schatz bewacht werden kann, sondern in einem ganz anderen Sinn: Sie bewahrt die Transzendenz davor, eine „Gegebenheit" zu werden, denn sie muß ja gerade immer wieder von neuem von geschichtlichen Verfremdungen *erobert* werden, und deshalb muß sie in einer kritischen Praxis „im Visier" gehalten werden. Von der kritischen Praxis, die dies im Auge hat, ist die Theologie die kritische Theorie, die sich zu diesem Zweck notwendigerweise all dessen bedient, was die menschlichen, analytischen und hermeneutischen Wissenschaften an Sinn und Unsinn in Mensch und Gesellschaft entdekken.
Vielleicht ist so klar geworden, daß einerseits wirkliche Theologie ohne Glauben Un-Sinn erbringt und somit das Gegenteil von Theologie ist – was nicht ausschließt, daß

sie auf anderer Ebene sinnvolle Ergebnisse erreichen kann –, und anderseits möge genauso deutlich sein, daß Glaube ohne Theologie unglaubwürdig und irrelevant wird.

Aus: E. Schillebeeckx, Glaubensinterpretation. Beiträge zu einer hermeneutischen und kritischen Theologie, Mainz 1971.

Josef Sudbrack

Lehrmeisterin Mystik

Daß der Glaube zur Erfahrung wird, ist die dringendste Forderung für einen modernen Christen. Dafür gibt es aber keine besseren Lehrmeister als das Zeugnis der Menschen, die ihn intensiv erfahren durften.

a. Der Weg. In den Weisheitsgeschichten der christlichen Wüstenväter ist zu lesen: „Ein Vater saß in seinem Kellion und ertrug Versuchungen. Da sah er die Dämonen offensichtlich, aber verachtete sie. Als aber der Teufel sich von dem Greis besiegt sah, kam er selbst, zeigte sich ihm und sprach: ‚Ich bin Christus! Warum hast du deine Augen verschlossen?' Der Greis antwortete: ‚Ich will hier Christus nicht schauen, sondern in jenem Leben erst.' Als der Teufel dies hörte, verschwand er." Wer in diesem Leben festhält, hat nicht Gott, sondern sich selbst (oder den Dämon)!

Das ist ein wichtiger Hinweis für den Umgang mit (kleinen und großen) mystischen Erfahrungen. Wissen- und Erfahren-Wollen, jetzt schon Angekommen-Sein, Meister-Sein zerschlägt wahre Mystik ebenso wie Haben- und Festhalten-Wollen Tod der wahren Liebe ist. Auch hinter dem Reden von Unterwegssein kann sich sublimes Festhalten verbergen. Die christliche Mystik aber ist eindeutig: Nur im radikalen Offensein wird Gott erfahren. Und es gibt kein besseres „Paradigma" für diesen Grundzug mystischer Erfahrung, als daß Gott ein Jemand, ein Du ist – entsprechend wie wir Menschen uns als ich-und-du erfahren dürfen.

Wo dieses Offenstehen die Mitte der Erfahrung bildet, werden auch die Hinwege zu dieser Mitte bedeutsam. Alles, was Gott uns geschenkt hat, kann sich zu ihm öffnen: „Seine unsichtbare Wirklichkeit, seine ewige Macht und Gottheit wird an den Werken der Schöpfung mit Vernunft wahrgenommen." (Röm 1,20) Paulus meint mit Vernunft auch die Erfahrung, das Hingerissenwerden, den meditativen Aufstieg zu Gott.

b. Die Hoffnung. An der Hoffnung wird das „Offenstehen" christlicher Gotteserfahrung besonders deutlich. Justin F. Stone bringt eine andere „zen-buddhistische" Meinung zum Ausdruck. Sein Buch heißt nach Dantes Hölleninschrift: „Abandon Hope". Dies wird positiv gedeutet: „Nur wenn wir die Hoffnung auf die Zukunft aufgeben, können wir das Leben der Gegenwart erfahren. Nur wenn wir die Dinge sehen, wie sie sind, ohne auch nur eine Scherbe von Hoffnung, daß sie anders sein werden, können wir die Wirklichkeit erblicken. Deshalb gib deine Hoffnung auf! Abandon Hope!"
In der Mitte aller Gottesmystik aber bricht Sehnsucht nach Größerem, nach Endgültigerem auf. Denn Gott ist stets „größer" als alles Erreichte. Gregor von Nyssa hält dieses „Je-neu-aufbrechen" sogar für eine himmlische Erfüllung. Teilhard de Chardin schreibt: „Die neohumanistische Mystik des Nach-Vorne (En-Avant) stößt auf die christliche Mystik des Nach-Oben (En-Haut); in diesem offenbaren Konflikt zwischen dem alten Glauben an einen transzendenten Gott und dem jungen ‚Glauben' an ein immanentes Universum hat die moderne religiöse Krise ihren Platz. Jeder Fortschritt des Reiches Gottes hängt im Augenblick von dem Problem der Versöhnung (nicht nur oberflächlich, sondern organisch) der beiden Strömungen ab." Teilhard fand sie in Christus.

c. Der Durchbruch. In vielfältiger Gestalt wird der mystische Durchbruch beschrieben. Maximilian Sandäus definiert: „Raptus, mystisches Hinweggerissen-werden ist nicht jeder beliebige Überstieg des Geistes oder jede beliebige Ekstase, während deren der Geist sich besonnen in die Abgeschiedenheit zurückzieht, dort sammelt und die Sinnestätigkeiten ablegt; sondern nur, wenn er gewaltsam, plötzlich und mit Macht von den Sinnestätigkeiten ab- und zur Schau und Liebe der göttlichen Dinge hinaufgezogen wird."

Das entspricht der Tatsache, daß auch die menschliche Entwicklung nicht nur kontinuierlich voranschreitet. Wir erfahren Reifevorgänge oftmals wie einen „Sprung". In den Urreligionen gibt es daher an wichtigen Lebensstufen Initiationsriten, die dem Menschen dabei helfen sollen. Esoterische Kreise greifen dies heute auf.

In der Deutschen Mystik ist mit Durchbruch die Überwindung einer noch an Bildern klebenden Gottesvorstellung zur wirklichen Gottesbegegnung gemeint. Meister Eckhart predigt: „Die höchste Vollendung dieser Kräfte liegt in der obersten Kraft, die da Vernunft heißt. Die kann niemals zur Ruhe kommen. Sie erstrebt Gott nicht, sofern er der Heilige Geist ist und auch nicht sofern er der Sohn ist: sie flieht den Sohn. Sie will auch Gott nicht, sofern er Gott ist. Warum? Weil er da als solcher noch einen Namen hat. Sie will etwas Edleres, etwas Besseres als Gott, sofern er noch Namen hat. Was will sie denn? Sie weiß es nicht; sie will ihn, wie er Vater ist. Sie will ihn, wie er ein Mark ist, aus dem die Gutheit entspringt; sie will ihn, wie er eine Wurzel ist, eine Ader, in der die Gutheit entspringt; und dort nur ist er Vater." Meister Eckhart betont, daß damit kein Zustand erreicht ist, sondern ein neues „Weitergehen": Die Vernunft „kann niemals zur Ruhe kommen".

Beide Erfahrungen stehen vor dem Wissen um die souveräne Freiheit Gottes, die gerade im „Durchbruch" lebendig wird. Teresa von Avila beschreibt einen solchen „raptus" in der VI. Wohnung der „Inneren Burg": „Wenn die Seele so entbrannt ist und sich verzehrt, geschieht es oft durch einen flüchtigen Gedanken, daß von irgendwoher – man begreift nicht, woher es kommt oder wie – ein Stoß sie trifft oder etwas wie ein feuriger Pfeil. Man erkennt klar, daß es nicht aus unserer Natur kommen kann. Es verwundet scharf, und zwar nicht dort, wo man gewöhnlich die Schmerzen fühlt, sondern – so scheint es mir – zutiefst im Inneren der Seele. Dahinein schlägt dieser Blitz, der alles, was er Irdisches an unserer Natur findet, geschwind durchzuckt und in Staub verwandelt. Solange dies dauert, ist es nämlich unmöglich, sich an irgend etwas zu erinnern, das unserem eigenen Wesen angehört."

d. Gott in allen Dingen. Ein Zustand gilt – obgleich sehr verschieden benannt – überall als „Gipfel-Ereignis" (nicht unbedingt auch als Gipfel-Erfahrung, Peak-Experience). Hier finden auch beide Erfahrungen, die wir als „große" und als „kleine" Mystik bezeichneten, zusammen.

– *Ignatius von Loyola* spricht von „Gott in allen Dingen suchen/finden". Pater Nadal beschreibt es als „die Gnade, daß er in allen Dingen, Handlungen und Gesprächen Gottes Gegenwart wahrnahm mit einem feinen Sinn für das Geistliche, ja diese Gegenwart schaute und so ‚beschaulich mitten im Tun' (contemplativus in actio) war; er pflegte dies in die Worte zu kleiden: ‚Wir sollen in allen Dingen Gott finden'."

– *Meister Eckhart* wiederholt den gleichen Satz ständig. Schon sein frühes deutsches Werk, die „Reden zur Unterweisung" lebt aus ihm: „Ein solcher Mensch (der nur Gott im Sinne hat) trägt Gott in allen seinen Werken und an allen seinen Stätten. Alle Dinge werden ihm lauter Gott. Der Mensch soll Gott in allen Dingen ergreifen. Er muß lernen, die Dinge zu durchbrechen und seinen Gott darin zu ergreifen. Entweder muß er Gott in den Werken zu ergreifen und zu halten lernen, oder er muß alle Werke lassen. Und darum lernet gern von Gott in allen Dingen und folget ihm, so wird's recht mit euch; denn alle Dinge haben für die innerlichen Menschen eine inwendige göttliche Seinsweise. Der Mensch muß sich daran gewöhnen, in keinen Dingen das Seine zu suchen und zu ergreifen, vielmehr in allen Dingen Gott zu finden und zu erfassen."

Aber sein metaphysischer (und sicher auch der Erfahrungs-)Hintergrund ist anders als bei Ignatius. Die „intellektuelle" Mystik Meister Eckharts lebt aus Gottes alles umfassender Ganzheit: Je mehr der Mensch seine innerste Seinseinheit mit Gott verwirklicht, desto mehr ist er – in Abgeschiedenheit! – Mensch und desto mehr weiß und realisiert er, daß alle Dinge in Gott und aus Gott leben.

Bei Ignatius von Loyola ist der Hintergrund „diabolisch". Im „Prinzip und Fundament" der Exerzitien klingt es noch willentlich: „Der Mensch ist geschaffen, um Gott, unseren Herrn, zu loben, ihm Ehrfurcht zu erweisen und zu dienen und mittels dessen seine Seele zu retten; und die übrigen Dinge auf dem Angesicht der Erde sind für den Menschen geschaffen und damit sie ihm bei der Verfolgung des Ziels helfen, zu dem er geschaffen ist." Am Schluß der Exerzitien aber entpuppt sich dies als Liebe, die darin besteht, „daß der Liebende dem Geliebten gibt und mitteilt, was er hat, oder von dem, was er hat oder kann; und genauso umgekehrt der Geliebte." Gott in allen Dingen suchen und finden, heißt jetzt: Wie ein Gott-Verliebter im Garten Gottes leben und arbeiten.

– *Anders und doch zur gleichen Mitte führend* lebt das „Gott in allen Dingen finden" im ostkirchlichen „Herzensgebet". Ein Wiederholungsgebet (im Atemrhythmus oder anders): „Herr Jesus Christus, Sohn Gottes, erbarme dich über mich Sünder", ist die psychosomatische Technik

(Vermittlung), die eine Unmittelbarkeit des Vertrauens in Gott vermitteln soll.
Adalbert de Vogüe zeigt, daß damit das urchristliche Anliegen des „Betet ständig" aufgegriffen ist. „Für den Mönch wie den Christen der ersten Jahrhunderte besteht das einzige Gesetz darin, ohne Unterlaß zu beten. Die kanonischen Horen müssen wie die Pfeiler einer Brücke verstanden werden, die in den Strom der Zeit eingelassen sind. So besteht der Sinn der Horen darin, gleichsam die Infrastruktur eines Gebetes ohne Unterlaß zu bilden. (Für die Mönche) war es üblich, daß die Hände nicht arbeiteten, ohne daß nicht auch der Mund in Bewegung war, d. h. ohne daß nicht mündlich Schrifttexte wiederholt wurden. Dies nannte man meditatio." Das Offizium gab den „Stoff" für das „Betet ständig". Ein Vers, ein Wort, ein Bild blieb im Gedächtnis; man nahm ihn mit in das eigene stille Gebet und dann in die Arbeit, wiederholte ihn ständig, so daß er die eigene Existenz durchdringen konnte. So schreibt Augustinus: „Man kann sehr gut sogar bei der Handarbeit die Lieder Gottes singen. Wie der rhythmische Gesang des Steuermanns ist die Stimme Gottes eine Tröstung für den, der sich abmüht."
Die Psychologie kennt die beruhigende Wirkung solcher Wiederholungen. Die christliche Polarität von Jesus, dem Erlöser, und mir, dem Sünder, entspricht der Metaphysik Meister Eckharts von Gott, dem Quell des Seins, und dem Menschen, der in „lediger Abgeschiedenheit" Gott empfängt. Diese Spannung pflegt das Offensein, damit das Beten nicht zur Leistung entarte. Eine Grundbefindlichkeit aber wird damit gepflegt, die man in Anlehnung an E. H. Eriksons „Urvertrauen", „Urglaube" und „Urgeborgenheit" nennen kann. Das traditionelle „Jesus-Gebet" wird zu Balthasar Staehelins „Psychosomatischer Basistherapie".
– *„Die Annahme seiner selbst"* heißt die entsprechende

Haltung bei Romano Guardini: „Wer ich bin, verstehe ich nur in dem, was über mir ist. Nein: in Dem, der mich mir gegeben hat. Und hier kommt uns wohl nahe, was der Heilige Geist bedeutet, von dem gesagt ist, daß Er ‚der Geist der Wahrheit' sei, der ‚einführt in alle Wahrheit'. Aber wie? Nicht durch Wissenschaft, noch durch Philosophie, sondern durch Inwerdung. Er ist ja die Innerlichkeit Gottes. Vielleicht darf man sagen: im Heiligen Geist ist Gott Gott. In Ihm ist Er sich selbst inne, mit sich selbst einig, seiner selbst froh. Dieser Geist kann auch wirken, daß ich meiner inne werde. Er kann machen, daß ich die haarschmale und doch so tief trennende Ferne durchmesse, die zwischen mir und mir-selbst liegt." In seinem *Tugenden*-Buch bringt er das gleiche zum Ausdruck: „Die echte Annahme (der Herkunft, des Schicksals, des Schmerzes, der eigenen Existenz) ist nur auf eine Instanz hin möglich, der man trauen kann, und die ist der Lebendige Gott."

Zu sagen bleibt, daß Romano Guardini diese Grundhaltung aus der großen mystischen Tradition des Christentums schöpfte. 1940 schon aktualisiert er sie im Vorwort zur Auswahl-Übersetzung „Ewigkeit im Augenblick" des Jesuitenmystikers Jean-Pierre de Caussade, der die ignatianische Mystik des „Gott in allen Dingen Findens" in klassischer Weise ausformulierte.

Große und Kleine Mystik reichen sich die Hand.

Aus: J. Sudbrack, Mystik. Selbsterfahrung – Kosmische Erfahrung – Gotteserfahrung, Mainz / Stuttgart ²1988.

Johann Baptist Metz

Politische Theologie

„Politische Theologie" – der Begriff ist mehrdeutig und darum nicht unmißverständlich. Er ist zudem historisch belastet. Ich verstehe politische Theologie einmal als kritisches Korrektiv gegenüber einer extremen Privatisierungstendenz gegenwärtiger Theologie. Ich verstehe sie gleichzeitig positiv als Versuch, die eschatologische Botschaft unter den Bedingungen unserer gegenwärtigen Gesellschaft zu formulieren.

1. Um die Funktion der politischen Theologie als *kritisches Korrektiv* innerhalb der gegenwärtigen Theologie zu erläutern, beginne ich mit einer kurzen *historischen Reflexion*.

Schon im Bewußtsein der frühen Aufklärung in Frankreich zerbricht die selbstverständliche Einheit und Zuordnung von Religion und Gesellschaft, von religiöser und gesellschaftlicher Existenz. Die christliche Religion erscheint im Verhältnis zu ihrer gesellschaftlichen Mitwelt erstmals als partikular. Der Universalitätsanspruch erweist sich dadurch als geschichtlich bedingt. An diese Problematik knüpft die Religionskritik der Aufklärung und später die des Marxismus unmittelbar an; diese Kritik nimmt von Anfang an jene Gestalt an, die sie bis heute trägt: sie ist Religionskritik als Ideologiekritik, d. h. sie sucht Religion zu entlarven als Funktion, als ideologischen Überbau über bestimmte gesellschaftliche Praxen und Machtverhältnisse. Sie sucht unter dem Stichwort des falschen Bewußtseins das religiöse Subjekt zu dechiffrieren als die ihrer selbst nicht oder noch nicht bewußte Ge-

sellschaft. Eine Theologie, die dieser Kritik zu antworten sucht, muß notwendig die gesellschaftlich-politischen Implikationen ihrer Vorstellungen und Begriffe mitentfalten. An einer solchen Gestalt der theologischen Verantwortung scheitert aber – so muß hier in kühner Verkürzung gesagt werden – die klassische metaphysische Theologie. Denn ihre Begriffe und Kategorien unterstellen die grundsätzliche Problemlosigkeit des Verhältnisses von Religion und Gesellschaft, von Glaube und gesellschaftlicher Praxis. Solange diese Voraussetzung besteht, kann eine rein metaphysische Interpretation der Religion durchaus auch gesellschaftlich relevant sein; und sie war es z. B. in den hohen Gestalten mittelalterlicher Theologie. Wo indes diese Einheit zerbricht, gerät diese metaphysische Theologie als theoretischer Anwalt des anhängenden Prozesses zwischen christlicher Heilsbotschaft und gesellschaftlich-politischer Wirklichkeit in die radikale Krisis.
Die in der neueren Zeit vorherrschende Theologie, also die Theologie in ihrer transzendentalen, existentialen und personalistischen Orientierung, hat diese durch die Aufklärung geschaffene Problemsituation durchaus wahrgenommen. Ja, sie ist in einem gewissen Sinne als Reaktion auf diese Situation entstanden. Doch diese Reaktion bestand bei ihr zumeist darin, daß sie die in Frage stehende gesellschaftliche Dimension der christlichen Botschaft heimlich oder offen als uneigentlich, als sekundär behandelte, kurzum, daß sie diese Botschaft in ihrem Kern privatisierte und die Praxis des Glaubens auf die wertlose Entscheidung des einzelnen reduzierte. Diese Theologie sucht das Problem, das durch die Aufklärung entstanden ist, dadurch zu lösen, daß sie es eliminiert. Sie sucht die Aufklärung zu überwinden, ohne durch sie wirklich hindurchgegangen zu sein. Für das von dieser Theologie geprägte religiöse Bewußtsein hat nämlich die gesellschaftlich-politische Wirklichkeit nur ein verschwindendes Da-

sein. Die in dieser Theologie vorherrschenden Kategorien zur Auslegung der Botschaft sind vorzüglich Kategorien des Intimen, des Privaten, des A-Politischen. Die Liebe, wie alle Phänomene des Zwischenmenschlichen, werden zwar emphatisch herausgestellt, sie kommen jedoch von vornherein und wie selbstverständlich nur in ihrer privaten, entpolitisierten Gestalt zur Geltung. Als eigentliche religiöse Aussageweise gilt die zwischenpersonale Anrede, als eigentliche religiöse Erfahrungsdimension gilt die Spitze der freien Subjektivität des einzelnen oder die unverfügbare, sprachlose Mitte der Ich-Du-Beziehung. Den heute vorherrschenden Formen der transzendentalen, existentialen und personalistischen Theologie scheint eines gemeinsam zu sein: der Trend zum Privaten.
Die damit bezeichnete Privatisierungstendenz soll noch kurz erläutert werden durch einen Blick auf die Aussageform der christlichen Heilsbotschaft und deren Interpretation im Horizont dieser modernen Theologie. Es ist bekannt, daß die Evangelien keine Biographie Jesu im geläufigen Sinne bieten wollen. Die Nachrichten über Jesus gehören nicht in die Gattung der biographischen Privataussagen, sondern in die Gattung der öffentlichen Proklamation. Die exegetischen Arbeiten der sogenannten „Formgeschichte“ haben die Evangelien selbst als vielschichtigen Verkündigungstext erwiesen. Ich sehe nun ein gewisses Verhängnis darin, daß diese Einsichten und Entdeckungen der Formgeschichte sofort mit den Kategorien des theologischen Existentialismus und Personalismus ausgelegt wurden. Dadurch wurde nämlich das Verständnis der Verkündigung von vornherein privatisiert und gewissermaßen existentiell intimisiert. Das Wort der Verkündigung wurde verstanden als reines Anredewort, als Wort der personalen Selbstmitteilung Gottes, nicht aber als Wort einer gesellschaftsbezogenen Verheißung. Die Hermeneutik der existentialen Interpretation des Neuen

Testaments bewegt sich im Zirkel des privaten Ich-Du-Verhältnisses. Hier scheint deshalb eine kritische Entprivatisierung des Verständnisses der Grundlagen unserer Theologie vonnöten. *Diese Entprivatisierung ist die primäre theologiekritische Aufgabe der politischen Theologie.*
Natürlich gibt es in der Botschaft des Neuen Testamentes eine legitime Individualisierung, eine Individualisierung des einzelnen vor Gott, die als Grundpointe der neutestamentlichen Botschaft – vor allem in ihrer paulinischen Tradition – betrachtet werden kann. Dies soll durch die geforderte Entprivatisierung auch nicht in Frage gestellt werden. Im Gegenteil! Denn die Theologie gerät ja gerade durch die genannte Privatisierungstendenz in die Gefahr, den von ihr angerufenen einzelnen in seiner Existenz zu verfehlen. Diese Existenz ist nämlich heute in höchstem Maße in die gesellschaftlichen Mobilitäten verflochten, und jede existentiale und personale Theologie, die die Existenz selbst nicht als ein politisches Problem im weitesten Sinne des Wortes begreift, bleibt gegenüber der existentiellen Situation des einzelnen heute abstrakt. Weiterhin steht die Theologie durch eine solche privatisierende Tendenz in der Gefahr, den Glauben gerade unkritisch und unkontrolliert modernen gesellschaftlich-politischen Ideologien auszuliefern. Und schließlich nimmt eine kirchliche Religion, die sich im Horizont solcher privatisierender Theologie versteht, immer mehr die Züge einer „unverbindlichen Maßgeblichkeit" an, „die insofern maßgeblich ist, als niemand sie anstößt und viele sich immer noch beeindrucken lassen, die aber folgenlos dasteht, indem keine Impulse von ihr ausgehen außer in der Richtung der eigenen Reproduktion".[1]
2. Hier zeigt sich nun die *positive Aufgabe* der politischen

1 A. Gehlen, zitiert nach H. Schelsky, Auf der Suche nach Wirklichkeit, Düsseldorf 1965, 271.

Theologie: sie sucht das Verhältnis zwischen Religion und Gesellschaft, zwischen Kirche und gesellschaftlicher Öffentlichkeit, zwischen eschatologischem Glauben und gesellschaftlicher Praxis neu zu bestimmen – nicht vorkritisch, mit der Absicht auf eine neue Identifizierung beider Wirklichkeiten, sondern nachkritisch, im Sinne einer *„zweiten Reflexion"*. Die Theologie wird als politische Theologie zu dieser „Reflexion zweiter Ordnung" gezwungen, wenn sie die eschatologische Botschaft unter den Bedingungen der gegenwärtigen gesellschaftlichen Situation formulieren will. Ich entfalte deshalb kurz die Eigenart dieser Situation und ihrer Verstehensbedingungen wie die Eigenart der biblischen Botschaft, durch welche diese politische Reflexion der Theologie bestimmt wird.

a. Die *Ausgangssituation* der theologischen Reflexion heute sei erläutert durch eine Fragestellung, die wiederum schon durch die Aufklärung formuliert wurde und die zumindest seit Marx unausweichlich geworden ist. In verkürzter Form läßt sich diese Fragestellung so skizzieren: Aufgeklärt ist nach Kant, wer die Freiheit hat, von seiner Vernunft in allen Stücken einen öffentlichen Gebrauch zu machen. Die Realisierung solcher Aufklärung ist darum nie ein rein theoretisches Problem, sie ist wesentlich ein politisches Problem, ein Problem der gesellschaftlichen Praxis, das heißt, sie ist an gesellschaftlich-politische Voraussetzungen gebunden, unter denen Aufklärung allein möglich ist. Aufgeklärt ist nur, wer *zugleich* um die Herstellung jener gesellschaftlich-politischen Voraussetzungen kämpft, von denen es abhängt, ob ein öffentlicher Gebrauch der Vernunft möglich ist.[2] Wo deshalb Vernunft auf politische Freiheit gestellt ist, wo daher theoretisch-transzendentale Vernunft innerhalb der praktischen Vernunft

2 Vgl. G. Picht, Aufklärung und Offenbarung, in: Glauben-Wissen-Bildung, Freiburg 1966.

erscheint und nicht umgekehrt, ist eine Entprivatisierung dieser Vernunft unumgänglich. Und jede noch so überanstrengte „reine Theorie" erweist sich als Rückfall in ein vorkritisches Bewußtsein. Der kritische Anspruch des Subjektes kann nun nämlich nicht mehr „rein theoretisch" durchgehalten werden.[3] Ein neues Verhältnis von Theorie und Praxis, von Wissen und Moral, von Reflexion und Revolution ist wirksam, das auch das theologische Bewußtsein bestimmen muß, wenn dieses nicht auf eine frühere vorkritische Stufe des Bewußtseins zurückfallen soll. Die praktische und – im weitesten Sinne des Wortes – politische Vernunft muß künftig an allen kritischen Reflexionen der Theologie beteiligt sein. Auf sie hin konkretisiert sich zunehmend das klassische Problem des Verhältnisses von fides und ratio, auf sie hin zieht sich immer mehr das Problem der Glaubensverantwortung zusammen. Das sogenannte hermeneutische Grundproblem der Theologie ist nicht eigentlich dasjenige des Verhältnisses von systematischer und historischer Theologie, von Dogma und Geschichte, sondern von Theorie und Praxis, von Glaubensverständnis und gesellschaftlicher Praxis. Damit ist die Aufgabe der politischen Reflexion in der Theologie kurz gekennzeichnet, wie sie aus der gegenwärtigen Situation sichtbar wird. Sie hat nach allem Gesagten nichts zu tun mit einer reaktionären Neopolitisierung des Glaubens; sie hat aber alles zu tun mit der Entfaltung der gesellschaftskritischen Potenz dieses Glaubens.

b. Die Rede von der politischen Theologie sucht in der

3 Vgl.: „Die Vorstellung der Herrschaft reiner Vernunft als eines Ansichseienden, von der Praxis Getrennten unterwirft auch das Subjekt, richtet es als Instrument von Zwecken zu. Die helfende Selbstreflexion der Vernunft jedoch wäre hier Übergang zur Praxis: sie durchschaute sich als deren Moment; wüßte, anstatt sich als das Absolute zu verkennen, daß sie seine Verhaltensweise ist", Th. W. Adorno, Fortschritt, in: Argumentationen (Festschrift für Josef König), Göttingen o. J., 1–19.

gegenwärtigen Theologie das Bewußtsein zu reklamieren vom anhängenden Prozeß zwischen der eschatologischen Botschaft Jesu und der gesellschaftlich-politischen Wirklichkeit. Sie betont, daß das von Jesus verkündete Heil zwar nicht in einem naturhaft-kosmologischen Sinn, wohl aber in einem gesellschaftlich-politischen Sinne bleibend weltbezogen ist: als kritisch befreiendes Element dieser gesellschaftlichen Welt und ihres geschichtlichen Prozesses. Die eschatologischen Verheißungen der biblischen Tradition – Freiheit, Friede, Gerechtigkeit, Versöhnung – lassen sich nicht privatisieren. Sie zwingen immer neu in die gesellschaftliche Verantwortung hinein. Gewiß, diese Verheißungen sind mit keinem gesellschaftlichen Zustand einfach identifizierbar, wie immer wir ihn von uns aus bestimmen und beschreiben mögen. Die Geschichte des Christentums kennt solche direkte Identifikationen und direkte Politisierungen der christlichen Verheißungen zu Genüge.[4] In ihnen wird jedoch jener „eschatologische Vorbehalt" preisgegeben, durch den jeder geschichtlich erreichte Status der Gesellschaft in seiner Vorläufigkeit erscheint. Wohlgemerkt, in seiner Vorläufigkeit, nicht in seiner Beliebigkeit! Denn dieser „eschatologische Vorbehalt" bringt uns nicht in ein verneinendes, sondern in ein kritisch-dialektisches Verhältnis zur gesellschaftlichen Gegenwart.[5] Die Verheißungen, auf die er sich bezieht,

4 Vgl. zur kritischen Interpretation H. Schmidt, Das Problem des politischen Christus, in: Kontexte II, Stuttgart 1966, 13–23; E. Peterson, Der Monotheismus als politisches Problem, in: ders., Theologische Traktate, München 1951, 45–147.

5 Walter Benjamin hat für die dialektische Bezogenheit von Gesellschaftsprozeß und eschatologischem Heilsprozeß in, ja gerade wegen ihrer Gegenläufigkeit m. E. ein gutes Bild gefunden: „Wenn eine Pfeilrichtung das Ziel, in welchem die Dynamis des Profanen wirkt, bezeichnet, eine andere die Richtung der messianischen Intensität, so strebt freilich das Glückssuchen der freien Menschheit von jener messianischen Richtung fort, aber wie eine Kraft durch ihren Weg eine andere auf entgegen-

sind nicht ein leerer Horizont religiöser Erwartung, sie sind nicht bloß eine regulative Idee, sondern ein kritisch befreiender Imperativ für unsere Gegenwart, sie sind Ansporn und Auftrag, sie unter den geschichtlichen Bedingungen der Gegenwart wirksam zu machen und sie so zu „bewahrheiten“; denn ihre Wahrheit muß „getan“ werden. Die neutestamentliche Gemeinde weiß sich von Anfang an aufgerufen, die kommende Verheißung schon unter den Bedingungen des Jetzt zu leben und *so* Welt zu überwinden. Die Orientierung an den Verheißungen des Friedens und der Gerechtigkeit verändert je neu unser gegenwärtiges geschichtliches Dasein. Sie bringt und zwingt uns immer wieder in eine neue kritisch-befreiende Position gegenüber den bestehenden und uns umgebenden gesellschaftlichen Verhältnissen. So etwa sind die Parabeln Jesu Parabeln des Reiches Gottes und *gleichzeitig* Parabeln, die uns in ein neues kritisches Verhältnis zu unserer Mitwelt setzen. *Jede eschatologische Theologie muß daher zu einer politischen Theologie als einer (gesellschafts-)kritischen Theologie werden.*

Mit der Rede von der politisch-kritischen Theologie soll nicht etwa eine zusätzliche neue theologische Disziplin gefordert werden. Diese Theologie soll vielmehr in erster Linie einen Grundzug im theologischen Bewußtsein überhaupt aufdecken.

Aus: J. B. Metz, Zur Theologie der Welt, Mainz / München 1968; Topos 11, 1973.

gesetzt gerichtetem Wege zu fördern vermag, so auch die profane Ordnung des Profanen das Kommen des messianischen Reiches. Das Profane ist also zwar keine Kategorie des Reichs, aber eine Kategorie, und zwar der zutreffendsten eine, seines leisesten Nahens“. W. Benjamin, Zur Kritik der Gewalt und andere Aufsätze, Frankfurt 1965, 95 f.

Gustavo Gutiérrez

Christus und die vollgültige Befreiung

Erlösung umfaßt jeden Menschen und den ganzen Menschen. Christus ist Mensch geworden in dieser einen, alles umfassenden Geschichte, die eben keine Geschichte am Rande des konkreten menschlichen Lebens ist. Seine befreiende Tat macht das Zentrum der geschichtlichen Entwicklung der Menschheit aus. Deshalb ist der Kampf für eine gerechte Gesellschaft im eigentlichen Sinn Bestandteil der Heilsgeschichte.

1. Fortschritt im Zeitlichen und Wachsen des Gottesreiches

Das dritte Kapitel des ersten Teils der Konzilskonstitution *Gaudium et spes* beginnt mit der Frage nach Sinn und Wert der menschlichen Tätigkeit (Nr. 33). Es schließt mit dem häufig zitierten Text: „Obschon der irdische Fortschritt behutsam vom Wachstum des Reiches Christi zu unterscheiden ist, so hat er doch große Bedeutung für das Reich Gottes, insofern er zu einer besseren Ordnung der menschlichen Gesellschaft beitragen kann“ (Nr. 39). Die Begriffe sind bewußt ganz allgemein gehalten und lassen verschiedene Interpretationen zu...
Der vorliegende Text beschränkt sich auf zwei allgemeine Feststellungen: Es besteht eine enge Beziehung zwischen zeitlichem Fortschritt und Wachsen der Herrschaft Gottes, ohne daß beide Prozesse identisch sind. Das Wachsen des Reiches steht nicht nur dem irdischen Fortschritt nicht

gleichgültig gegenüber, sondern verleiht ihm erst seinen Wert und hat ein echtes Interesse an ihm. Jedoch erschöpft es sich nicht in ihm. Mit einem Wort: enge Beziehung, aber kein Ineinandersetzen. An dieser Stelle macht der Konzilstext halt. Die Frage bleibt offen und läßt – in diesem Rahmen – verschiedene theologische Positionen zu. Der Dialog zwischen ihnen wird es möglich machen, die Frage zu vertiefen und sie allmählich – wie das in der Geschichte der Kirche häufig geschehen ist – zu einer einheitlichen Beantwortung bringen.

Die Enzyklika *Populorum progressio* tut einen Schritt vorwärts. Sie betrachtet die ganzheitliche Entwicklung als den Weg von weniger menschlichen zu menschlicheren Lebensbedingungen:

„Weniger menschlich: das sind die materiellen Nöte derer, denen das Existenzminimum fehlt; das sind sittliche Nöte, die im Mißbrauch von Besitz und Gewalt ihren Grund haben, in der Ausbeutung der Arbeiter und in der Ungerechtigkeit von Geschäften."

Sünde und Ungerechtigkeit kennzeichnen die untermenschliche Lage. Von dorther muß nach und nach eine menschlichere Situation aufgebaut werden:

„Das ist der Aufstieg aus dem Elend zum Besitz des Notwendigen, der Sieg über die sozialen Mißstände, die Erweiterung des Wissens, der Erwerb von Bildung. Menschlicher: das ist das deutlichere Wissen um die Würde des Menschen, das Ausrichten auf den Geist der Armut, die Zusammenarbeit zum Wohle aller, der Wille zum Frieden. Menschlicher: das ist die Anerkennung letzter Werte wie auch die Anerkennung Gottes als ihrer Quelle und ihres Zieles von seiten des Menschen."

Daran schließt sich in einer ganz neuen Sprache der äußerst wichtige Satz an:

„Menschlicher: das sind endlich und vor allem der Glaube, der als Geschenk Gottes durch des Menschen guten Willen angenommen wird, und die Einheit in der Liebe Christi, der uns alle gerufen hat, als Kinder am Leben des lebendigen Gottes teilzunehmen, des Vaters aller Menschen“ (Nr. 21).

„Menschlicher endlich und vor allem“ heißt es, nicht aber „übermenschlich“ oder „übernatürlich“. Es ist dies eine umfassendere Sicht des Menschlichen, die die Einheit der menschlichen Berufung zur Gnade der Gemeinschaft mit Gott betont. Zwischen Natur und Gnade besteht Kontinuität und wechselseitige Integration. Alles Menschliche ist auf die Vollendung im unverdienten Geschenk der Selbstmitteilung Gottes hingeordnet. Der Text steckt voller Konsequenzen und bietet neue Aspekte, wie sie andere Stellen derselben Enzyklika, die soziale und wirtschaftliche Fragen behandeln, sonst nirgends bieten. Leider werden die Gedanken nicht weiter vertieft und schärfer umrissen. Folgerungen, die gezogen werden, werden nicht näher erläutert. So bleibt noch manches zu klären.

2. Der Horizont der politischen Befreiung

Die zitierten Texte des kirchlichen Lehramtes sind (wenn man *Populorum progressio* in einigen Punkten ausnimmt) bezeichnend für die Art und Weise, wie die Frage in der augenblicklichen Theologie angegangen wird. Die Methode wird charakterisiert durch eine Sehweise, die nach unserer Meinung die Frage nach dem letztgültigen Sinn der Tätigkeit des Menschen in der Geschichte blockiert oder – um mit Begriffen von *Gaudium et spes* zu sprechen – die Frage nach dem Verhältnis zwischen zeitlichem Fortschritt und Wachstum des Reiches unterbindet. Der Fortschritt wird vorzugsweise in einer Linie gesehen, in der Wissenschaft und Technik die Natur beherrschen und sich so auch auf die Entwicklung der menschlichen Gesellschaft auswirken. Ausgeklammert jedoch bleibt die grundsätzliche Frage nach der Gültigkeit des ungerechten Systems, auf der Wissenschaft, Technik und Gesellschaft basieren. Konfliktbezogene Aspekte im politischen Sinn werden nicht berührt, sondern sogar vermieden.

Theologisch gesehen versteht man den zeitlichen Fortschritt somit als Verlängerung des Schöpfungswerkes und fragt nach der Beziehung, die er zur Erlösung hat. Nun steht aber Erlösung in unmittelbarer Beziehung zur Sünde, die – als Bruch der Freundschaft mit Gott und den anderen – eben eine menschliche, soziale und historische Wirklichkeit darstellt und ihren Ursprung in einer gesellschaftlich und geschichtlich situierten Freiheit findet. Allein die „Schöpfung", d.h. der Kosmos, leidet an den Folgen der Sünde. Eine mögliche Beweisführung mit Röm 8 ist zwar interessant und erweitert die Perspektive, scheint aber weniger auf den Kern des Problems einzugehen. Eine unmittelbare Verbindung zwischen Schöpfung und Erlösung stellt beide Wirklichkeiten einfach nebeneinander oder schließt jene künstlich in diese ein. So muß dann die Schöpfung ihre Autonomie fordern und darum kämpfen, aus der ihr auferlegten Zwangsjacke herauszukommen. Um also das Verhältnis Schöpfung – Erlösung mit einem einzigen Blick zu erfassen oder auf ein einziges Prinzip gründen zu können, müssen wir Abstand bewahren oder – wenn man so will – die Frage tiefer ansetzen. Der hergebrachte Argumentationsmodus läßt sonderbarerweise die Bedeutung des Menschen als Befreier, Hauptperson und Herr der Schöpfung unberücksichtigt. Keine Rolle spielt auch die Tatsache, daß der Mensch zu seinem Heil selbst einen Beitrag leistet. Wie wir weiter oben schon anmerkten, kann nur die Vermittlung der Eigenschöpfung des Menschen in der Geschichte uns helfen, die Beziehungen zwischen Schöpfung und Erlösung adäquat und fruchtbringend zu artikulieren. Eine solche Deutung

legt das Urereignis des Exodus nahe. Denn in seinem Licht erscheint die Schöpfung als erste Heilstat und die Erlösung als eine Neuschöpfung. Ohne die Perspektive der politischen Befreiung würden wir im System der beiden „Ordnungen" steckenbleiben, der der Schöpfung und der der Erlösung. Der Gesichtspunkt der Befreiung kehrt dagegen auch die „Ordnung" der Fragestellung um.
Die Arbeit des Menschen im Sinn von Veränderung der Natur setzt nur dann die Schöpfungstat fort, wenn sie menschlich getan wird, d.h. wenn sie nicht durch ungerechte gesellschaftliche und ökonomische Strukturen entfremdet ist. So erscheint unter dem Aspekt des Politischen die gesamte Theologie der Arbeit – trotz ihres offensichtlich positiven Beitrags – als „naiv und unschuldig". Teilhard de Chardin ist einer der Autoren, die sich am meisten um die Einheit zwischen Glauben und „Weltreligion" bemühten. Jedoch entwirft er seine Konzeption ganz aus der Sicht des Wissenschaftlers. So geht es ihm um die Herrschaft des Menschen über die Natur. Er spricht vom Menschen als dem Punkt, an dem die Evolution durchbrochen wird; denn der Mensch nimmt sie in die Hand. Unter politischem Gesichtspunkt ist sein Entwurf jedoch neutral. Die Sehweise Teilhard de Chardins beeinflußte deutlich das Verständnis der Problematik bei vielen Theologen, besonders – wie das nur verständlich ist – bei Theologen in entwickelten Ländern. Viele von ihnen verwandten ihre besten Kräfte auf die Frage nach dem Verhältnis zwischen Glauben und Wissenschaft und nach der Bedeutung der Wissenschaft für die Umgestaltung der Welt. Wenn es um Probleme der menschlichen Gesellschaft geht, drücken sie ihre Sorgen stets in den Begriffen Entwicklung und Fortschritt aus. In anderen Teilen der Erde liegen die Probleme anders. So gilt die Sorge der Völker der sogenannten Dritten Welt dem Komplex Gerechtigkeit–Ungerechtigkeit oder – genauer gesagt – Unterdrückung–Befreiung. Von

dorther tritt an den Glauben der Christen in diesen Völkern eine große Herausforderung heran. Während in Kreisen traditioneller Christen gegenüber der Welt häufig ein gewisser Pessimismus dominiert, der der Weltflucht gleichkommt, vertreten die Christen der Dritten Welt eine optimistische Sicht, die Glauben und Welt versöhnen will und so einen Ausgleich ermöglicht. Jedoch sind im Rahmen eines solchen Optimismus verschiedene Wirklichkeiten genau zu unterscheiden. Andernfalls könnte die Haltung einen Trugschluß implizieren und gegebenenfalls sogar zur Rechtfertigung der bestehenden Ordnung verleiten. So geht man in den unterentwickelten Ländern von der bestehenden Ordnung aus, die – weil fundamental ungerecht und entmenschlichend – abgelehnt wird. Allein aufgrund dieser negativen Sicht kann man bis an die Wurzeln der Mißstände vordringen und ohne Ausreden eine neue, gerechte und brüderliche gesellschaftliche Ordnung schaffen. Denn eine derartige Negation schließt jede Anwandlung aus, vor den Problemen zu fliehen. Statt dessen gebiert sie den Willen zur Revolution.
Die Konzeption einer politischen Befreiung, die bei der wirtschaftlichen Grundlage einsetzt, erinnert an die konfliktgeladenen Momente des Werdens der Menschheit. In der Geschichte ist nämlich nicht nur der Wille wirksam, die Natur zu ergründen und zu beherrschen. Vielmehr entsteht durch die Ausbeutung des Menschen durch den Menschen, durch die Konfrontation der gesellschaftlichen Klassen und damit durch den Kampf zur Befreiung von erdrückerischen Strukturen, die den Menschen daran hindern, menschenwürdig zu leben und sein Geschick selbst zu gestalten, auch eine Situation des Elends und der Ausbeutung. Diese ist jedoch nicht nur das Produkt der Ungerechtigkeit, sondern produziert sie auch noch einmal. Der Kampf des Menschen gegen das Elend bestimmt also seine grundsätzliche Haltung. Sie vor allem hat nun der Glaube

zu erhellen, wobei dann auch die anderen Aspekte des Lebens von ihm her gedeutet werden. Die Konzeption einer politischen Befreiung eröffnet neue Zugangswege zu den sozialen Problemen, rückt sie in ein neues Licht und holt Aspekte in den Vordergrund, die bisher am Rande des Interesses standen. Sie läßt Abstand gewinnen von einer bewußt apolitischen Wissenschaft und beschreibt einen neuen Horizont, in dem die fundamentale Bedeutung der Wissenschaft für die soziale Praxis des Menschen ihren Ort hat. Während Religionen sich gewöhnlich in Begriffen wie Kosmos und Natur artikulieren, denkt das Christentum aufgrund seiner biblischen Grundlagen in geschichtlichen Kategorien. In der Geschichte aber stehen sich auf der einen Seite Ungerechtigkeit, Unterdrückung, Entzweiung und Konfrontation und auf der anderen Seite die Hoffnung auf Befreiung gegenüber.

3. Christus als Befreier

Von größter Bedeutung ist nun, daß diese Perspektive in unvermuteter Weise auch einen Weg zur Frage nach der Sünde eröffnet. Denn die Situation der Ungerechtigkeit beruht nicht auf einem bloßen Zufall und ist nicht das Ergebnis eines fatalen Schicksalsschlags. Hinter ihr steht vielmehr menschliche Verantwortung. Die Propheten konnten diesen Zusammenhang noch mit aller Deutlichkeit und allem Nachdruck herausstellen. Heute sind wir dabei, die Propheten wiederzuentdecken. So beurteilt die Konferenz von Medellin den derzeitigen Stand der Dinge in Lateinamerika als eine „Situation der Sünde" und „Ablehnung des Herrn". Dabei ist die Feststellung in ihrem Umfang und ihrer Tiefe nicht nur eine Kritik am Mißbrauch von Einzelpersonen, die die Macht in dieser gesellschaftlichen Ordnung innehaben. Der gesamte Kontext

von Gewohnheiten und Strukturen wird in Frage gestellt. Medellin lehnt das herrschende System, zu dem auch die Kirche gehört, ab.
Wir sind also weit von jenem naiven Optimismus entfernt, der der Sünde nicht den Platz zuzugestehen vermag, den sie sich im Laufe der Geschichte der Menschheit erobert hat... Jedoch geht es in der Theologie der Befreiung nicht um die Sünde als eine individuelle, private und rein innerliche Wirklichkeit, die nur einer „geistigen" Erlösung bedarf, ohne jedoch die Ordnung, in der wir leben, in Frage zu stellen. Sünde ist vielmehr eine soziale und geschichtliche Tatsache. Sie besagt entzweite Brüderlichkeit, enttäuschte Liebe, zerbrochene Freundschaft mit Gott und den Menschen und – damit auch – innere Spaltung der menschlichen Person. Wenn man die Dinge so betrachtet, dann gehen einem die gesellschaftsbezogenen Dimensionen der Sünde wieder auf... Dann ist Sünde nicht mehr ein bloßer Anhang, der nicht fehlen darf, damit man sich nicht von der theologischen Tradition entfernt oder keine allzu eindeutigen Angriffsflächen bietet. Ebensowenig handelt es sich um eine Flucht in einen saft- und kraftlosen Spiritualismus. Sünde wird greifbar in unterdrückerischen Strukturen, in der Ausbeutung des Menschen durch den Menschen, in der Beherrschung und Versklavung von Völkern, Rassen und sozialen Klassen. Sünde erscheint so vielmehr als fundamentale Entfremdung und Wurzel einer Situation, die durch Ungerechtigkeit und Ausbeutung gekennzeichnet ist. Dabei ist dieser fundamentalen Entfremdung natürlich nicht in sich und als solcher beizukommen; denn es kommt zur Entfremdung nur in gegebenen Situationen und in konkreten Einzelfällen entfremdeten Lebens. Das eine ist ohne das andere nicht zu verstehen. Sünde fordert eine radikale Befreiung, die jedoch notwendigerweise eine politische Befreiung miteinschließt. Nur wenn wir uns im historischen Prozeß der Befreiung enga-

gieren, werden wir imstande sein, die fundamentale Entfremdung aufzuzeigen, die in jedem Einzelfall von Entfremdung steckt.

Radikale Befreiung ist das Geschenk, das Christus bringt. Durch seinen Tod und seine Auferstehung erlöst er den Menschen von der Sünde und all ihren Folgen, wie treffend ein Text sagt, der noch einmal zitiert werden soll: „Es ist derselbe Gott, der in der Fülle der Zeiten seinen Sohn sandte, der Mensch wurde, um alle Menschen aus aller Knechtschaft zu befreien, in der sie Sünde, Unwissenheit, Hunger, Elend und Unterdrückung, mit einem Wort: Ungerechtigkeit und Haß gefangen halten, die ihren Ursprung im menschlichen Egoismus haben." Deshalb ist christliches Leben Ostern, d. h. ein Hinübergehen von der Sünde zur Gnade, vom Tod zum Leben, von der Ungerechtigkeit zur Gerechtigkeit, vom Untermenschlichen zum Menschlichen. Denn Christus führt uns durch das Geschenk seines Geistes in die Gemeinschaft mit Gott und den anderen Menschen. Genauer gesagt: *Weil* Christus uns in diese Gemeinschaft eintreten läßt, d. h. auf der steten Suche nach der Vollendung führt, deshalb besiegt er die Sünde als Negation der Liebe und alle ihre Folgen...

Das Wachsen des Reiches ist ein Prozeß, der sich geschichtlich *in* der Befreiung vollzieht, insofern diese eine größere Realisation des Menschen ermöglicht und die Bedingung für eine neue Gesellschaft ausmacht, ohne jenes jedoch auszuschöpfen. Das Reich nimmt Gestalt an in geschichtlichen Befreiungsversuchen, weist auf ihre Grenzen und Doppeldeutigkeiten hin, kündigt ihre letztgültige Vollendung an und treibt sie wirksam bis zur Schaffung der vollen Gemeinschaft. Wir identifizieren nichts. Dennoch wird ohne geschichtliche Befreiungsinitiativen das Gottesreich nicht wachsen können, und der Befreiungsprozeß wird die Wurzeln der Unterdrückung und der Ausbeutung des Menschen durch den Menschen erst mit dem Advent des Reiches besiegen, das aber vor allem ein Geschenk bleibt. Mehr noch: Man kann sagen, das politische und geschichtliche Befreiungsgeschehen *sei* Wachstum des Reiches, *sei* Heilsereignis. Jedoch ist es weder das *Kommen* des Reiches selbst noch die *ganze* Erlösung. In ihm realisiert sich historisch das Reich und, weil das so ist, kündigt es auch die Vollendung an…

Aus: G. Gutiérrez, Theologie der Befreiung, Mainz/München 1973, 9 1986.

Theodor Schneider

Gemeinschaft des Leibes Christi

Der alte und der neue Tempel

Die Tempelaustreibung gegen Ende von Jesu Wirksamkeit war schon eine haarsträubende Geschichte. Man konnte sich an fünf Fingern abzählen, daß das nicht gut ging, daß die zuständigen kirchlichen Behörden damit zur Stellungnahme zu Jesu Auftreten regelrecht gezwungen wurden. Kurz darauf haben sie ihn dann ja auch verhaftet. Aber nicht nur den Ordnern im Tempel, sondern auch den einfachen frommen Juden mußte es kalt über den Rücken laufen, als sie mitbekamen, wie Jesus im Tempelvorhof die Verkaufsstände umwarf und die Händler verjagte. Denn das waren ja keine Andenkenbuden oder Weihnachtsmarktstände, sondern dort wurden die Gaben für den traditionellen Opferkult verkauft. Das war im Vorhof der Heiden nicht nur erlaubt, sondern es war für den Opferbetrieb des Tempels auch *notwendig*. Von Jesu prophetischem Randalieren ist also der ganze Tempel betroffen. Was er da tut, ist nach jüdischer Auffassung ein Sakrileg. Er wird auch gleich darauf von den Anwesenden zur Rede gestellt: Aufgrund welcher Vollmacht, mit welcher Berechtigung tust du so etwas? Jesus antwortet mit einem eigenartigen Spruch vom *Ende* dieses Tempels und von einem *Neuanfang*, der durch *ihn* geschehen werde. Den ganz genauen Wortlaut werden wir kaum rekonstruieren können. Denn dieses Tempelwort hat sich zwar an sechs verschiedenen Stellen im Neuen Testament erhalten, aber jeweils in etwas anderem Wortlaut. Man sieht daran aller-

dings, wie sehr auch die ersten Jünger, die nachösterliche Gemeinde dieses Ereignis der Tempelaustreibung und das anschließende Wort von der Zerstörung des alten Tempels beschäftigt hat.
Im Bericht des Markus über das Verhör Jesu vor dem Hohen Rat heißt es so: „Einige der falschen Zeugen, die gegen ihn auftraten, behaupteten: Wir hörten ihn sagen: Ich werde diesen von Menschen erbauten Tempel niederreißen und in drei Tagen einen anderen errichten, der nicht von Menschen gemacht ist. Aber auch in diesem Fall stimmten die Aussagen nicht überein" (Mk 14,58 f). Als dieser Aufrührer und Gotteslästerer, der die heiligen Bräuche mißachtete, sich schließlich am Galgen zu Tode quält, da erinnern ihn auch die spottenden Leute noch einmal an sein großtuerisches Wort: „Sie schüttelten den Kopf", schreibt Markus, „und riefen: Du reißt den Tempel nieder und baust ihn in drei Tagen wieder auf! Hilf dir doch selbst und steig herab vom Kreuz!" (Mk 15,29 f)
Haben ihn die Jünger sofort verstanden? Konnten sie ihn überhaupt verstehen? Gewiß, daß er gegen alte heilige Vorschriften anging, wenn sie der Menschlichkeit und der wahren Gottesverehrung im Wege standen, das hatten sie erlebt – aber den Tempel zerstören, was sollte das? Es ging den Jüngern erst später auf, Johannes schreibt das ausdrücklich: „Als er dann von den Toten erweckt war, erinnerten sich seine Jünger, daß er dies gesagt hatte, und sie glaubten der Schrift und dem Wort, das Jesus gesprochen hatte" (Joh 2,22). Was glaubten sie? Auch das schreibt Johannes in seinem Evangelium ganz deutlich, nämlich: „Er aber meinte den Tempel seines Leibes" (Joh 2,21). Das alte Heiligtum aus Steinen ist abgelöst – inzwischen, als Johannes sein Evangelium schreibt, auch schon von den Römern total zerstört –, und ein neues, lebendiges Heiligtum ist aufgerichtet: Der *auferweckte Jesus* selbst ist der neue Tempel. Seine verendgültigte und verklärte menschliche

Existenz, das ist der neue Ort der Anwesenheit Gottes. Da, wo Jesus Christus ist, begreifen die Jünger, da geschieht Gottbegegnung. Er ist der *heilige Ort*, die Stationen seines Lebens sind die heiligen Zeiten, nicht nur der jährliche Erinnerungstag an sein Sterben und Auferstehen, Ostern, sondern jeder erste Wochentag, jeder Sonntag ist Auferstehungsgedächtnis, ja, jeder Tag ist Jesu Zeit, ist Gottes Zeit: Seht, ich bin bei euch alle Tage, betet ohne Unterlaß. Diese Feier der neuen Gemeinschaft zwischen Gott und Mensch, der Eintritt in den neuen Tempel, der Jesu Leib ist, geschieht also in den Häusern und Familien mit dem schlichten und doch geheimnisschweren Mahl, in dieser Speise, die sein Leib ist, die er selbst ist.

Gemeinschaft des Leibes Christi

„Er aber meinte den Tempel seines Leibes", schreibt Johannes. Was wir bis jetzt dazu gesagt haben, ist aber nicht mehr als die erste Hälfte des Gedankens, die zweite ist fast noch wichtiger, für uns jedenfalls: Was ist das Geheimnis seines Leibes? Wir sind an verschiedenen Stellen bereits darauf gestoßen: „Wir gehen in das über, was wir empfangen", hatte Papst Leo der Große gesagt. Und das gleiche hatte Augustinus, Bischof in dem drittklassigen Provinzstädtchen Hippo in Nordafrika, seinen Fischern gepredigt: „Euer Geheimnis ist auf den Altar gelegt: Seid, was ihr seht, und empfangt, was ihr seid: Empfangt den Leib Christi, seid der Leib Christi!" Er verweist dabei auf ein klassisches Wort des heiligen Paulus. In seinem ersten Korintherbrief, im zehnten Kapitel, hat Paulus nämlich genau diesen Gedanken in einer unübertroffenen Deutlichkeit und Schlichtheit formuliert. Es geht ihm darum, daß die Gläubigen in der turbulenten Hafenstadt Korinth sich von heidnischen Kulten fernhielten und sich über ihren eigenen, neuen Kult klar werden, und in diesem Zusammenhang schreibt Paulus: „Ist das Brot, das wir brechen, nicht Gemeinschaft (Teilhabe) am Leib Christi? *Ein* Brot ist es. Darum sind wir viele *ein Leib*; denn wir alle haben teil an dem einen Brot“ (10,16). Gemeinschaft des Leibes Christi. „Gemeinschaft“ und „Leib“, diese beiden Worte tragen den Gedanken. Leib meint im ersten Satz zunächst den eucharistischen Leib, Leib meint im zweiten Satzteil uns selbst, die Gemeinschaft der Feiernden, die Gemeinde, die Kirche. Der eucharistische Leib nährt und baut auf den kirchlichen Leib. Durch das Essen dieses einen Brotes, welches er selbst ist, der erhöhte, lebendige Herr, gehen wir über in seine Wirklichkeit, empfangen, was wir sind, werden, was wir empfangen. Er gibt uns Teil an sich, wir empfangen Teil an ihm, wir werden eine Gemeinschaft. Koinonia heißt das griechische Wort, lateinisch Communio: Wir werden eine Communio, eine Gemeinschaft mit ihm und untereinander, denn sein Kommen geschieht, um diese Gemeinschaft zu ermöglichen und zu bilden.

Dies ist ein ganz wichtiger Gesichtspunkt, den wir nicht aus dem Auge verlieren dürfen: Jesu Gegenwart, sein Kommen in der Feier der Eucharistie geschieht um dieser Communio, dieser Gemeinschaft willen. In seinem Gegenwärtigsein liegt die Tendenz zur *Versammlung*, zur Verbindung, zur Vereinigung. Das brüderliche Mahl, die Kommunion ist das Empfangen seines Kommens, das Aufnehmen seiner selbst. Der Glaube an seine wirkliche Gegenwart und die Art und Weise unserer Gemeinsamkeit haben also unmittelbar miteinander zu tun, eins ist vom anderen nicht zu trennen. D. h. konkret: Zielpunkt und Höhepunkt seines eucharistischen Kommens, seiner sakramentalen Gegenwart, der Sinn der Eucharistie ist die Kommunion, die Vereinigung von Haupt und Gliedern, die Einheit Christi in den Christen. Das heißt konkret auch: Das *eigentliche Hindernis* für dieses Mahl der Gemeinschaft, die eigentliche Unwürdigkeit ist Spaltung, Zwietracht, Streit, Unversöhnlichkeit, Egoismus, das macht Paulus den Korinthern in dem gleichen Brief unmißverständlich klar: „Wer unwürdig von dem Brot ißt und aus dem Kelch des Herrn trinkt, macht sich an Leib und Blut des Herrn schuldig!" (1 Kor 11,27) Wer ißt unwürdig? Das ist aus dem Zusammenhang bei Paulus ganz eindeutig zu beantworten: Derjenige, der die Besonderheit dieser Speise mißachtet, also derjenige, der die Ausrichtung dieser Speise auf die Gemeinschaft unterschlägt, wer die Liebesverpflichtung seiner Gegenwart nicht wahrnimmt, wer den sakramentalen Leib des Herrn will ohne den realen Leib, die Gemeinde, die Kirche. Unwürdig macht Absonderung, Trennung, Privatisierung und Vereinzelung. Jesu Gegenwart ist erst dann voll geglaubt und angenommen, wenn sie im brüderlichen Mahl, in der Kommunion uns alle in seine Existenz, in sein Denken und Verhalten, in seine Haltung des Füreinander hineingezogen hat, zu einem Leibe in einem Geiste gemacht hat. Unwürdig ißt und trinkt, nach Paulus, wer den Gemeinschaftscharakter dieser heiligen Communio nicht wahrnimmt. Von daher kann man sich unschwer vorstellen, was Paulus zu Ecône gesagt hätte. Aber von daher kann man sich auch ausmalen, was Paulus sagen würde zu Eheleuten oder zu Eltern und Kindern, zu Nachbarn, zu Amtsträgern, die heftig zerstritten, ohne ein Wort oder Zeichen der Aussöhnung zum sonntäglichen Gemeinschaftsmahl, zur Communio seines Leibes kommen. „Spielt doch nicht absurdes Theater", hätte er gesagt, „macht den Leib des Herrn doch nicht zur Farce... Versucht, die Mindestvoraussetzung zu schaffen für das, was hier geschieht, denn von dem einen Brot essen, heißt ein Leib werden".

An dieser Stelle müssen wir uns allerdings vor einem anderen naheliegenden Mißverständnis hüten: Wir dürfen *Ursache und Wirkung* nicht vertauschen. Was heißt das? Nicht *unser* Gemeinschaftssinn schafft die Gegenwart des Herrn, sondern *seine Gegenwart* bindet uns zur Gemeinschaft zusammen. Gott schafft die Voraussetzung, und wir müssen ihr entsprechen, er legt die Grundlage, auf der wir uns bewegen. Die Wirklichkeit des eucharistischen Leibes ist *vorgegeben*, und wir sollen darin eintreten und *einbezogen* werden. Nicht unser investierter Gemeinschaftssinn, unser zusammengeballter guter Wille schafft dieses heilige Sakrament, sondern die Kraft des Heiligen Geistes, gebunden zwar an die verfaßte Gemeinde der Getauften, gebunden an die Beauftragung des ordnungsgemäß eingesetzten Vorstehers und an die apostolische Überlieferung der Worte dieser heiligen Mahlfeier, aber eben doch die Kraft des erhöhten Herrn in seinem Heiligen Geiste. Weil wir von diesem einen heiligen Brot essen, *deshalb* werden wir vielen ein Leib, und nicht umgekehrt! *Nicht* weil wir eine so großartige Gemeinschaft wären, in der alles zum Besten steht, alle alles miteinander teilen, alle ein Herz und eine Seele sind, deshalb könnte nun auch Jesus in unsere Mitte kommen. Wäre es so, müßten wir tatsächlich zuerst all diese Voraussetzungen leisten, wir wären verraten und verkauft und hoffnungslos verloren! Unsere Hoffnung ist ja gerade sein freiwilliges Kommen zu uns Sündern. Er kommt, weil wir ihn brauchen, er handelt, und wir sollen antworten, er wird gegenwärtig, damit wir uns ihm anschließen, uns von ihm ergreifen lassen. Wir sind Kirche, nicht weil *wir* gut sind, sondern weil *er* gut ist und zu uns kommt, wir sind Heilige, nicht weil wir makellos sind, sondern weil er uns von der Palme herunterholt wie den neugierigen Betrüger Zachäus und bei uns einkehrt. Wie sonst könnte Paulus im Briefkopf an die Gläubigen in Korinth schreiben, an dieselben, die er nachher tadelt, weil auch bei ihnen nahezu noch alles passiert, was in einer antiken Hafenstadt vorkommen kann, wieso könnte er sie sonst anreden, wörtlich: „... An die Geheiligten in Christus Jesus, berufen als Heilige mit allen, die den Namen unseres Herrn Jesus Christus überall anrufen, bei ihnen und bei uns" (1 Kor 1,2). Sein heiliger Leib, der Leib des gekreuzigten und erhöhten Herrn, ist vorgegeben, und in ihn sollen wir uns eingliedern lassen, in diesen Tempel sollen wir eintreten, zu diesem Tempel sollen wir selber werden.

Zu einer Wohnung Gottes erbaut (Eph 2,22)

Wenn man diesen Gedanken ernsthaft weiterdenkt, bekommt das Wort Ehrfurcht, *Anbetung* plötzlich eine ganz andere Dimension, bekommen wir vielleicht auch plötzlich einen Schrecken. Ehrfürchtige Anbetung heißt dann nämlich nicht mehr, etwas zu verehren, das außerhalb von uns ist, uns gegenübersteht, sondern das in uns ist, in uns Raum sucht. Anbetung heißt dann zunächst und zuerst nicht, vor einer Monstranz auf den Knien liegen – das kann natürlich ein wichtiges Zeichen sein –, Anbetung heißt dann realisieren, daß wir selber zur Monstranz gemacht werden von Gott, daß er in seinem Sohn in uns eingeht, damit man ihn in uns anschauen kann. Anbetung heißt dann primär nicht vor dem Tabernakel meditieren – das ist auch gut und hilfreich –, sondern heißt in demütiger Ehrfurcht annehmen und bejahen, daß wir selber Tabernakel des menschgewordenen Gottessohnes sind. Wenn Jesus der neue Ort Gottes ist, wenn sein Leib der neue Tempel ist, dann werden auch wir, in dem Maße, wie wir zu Gliedern seines Leibes gemacht werden, zum „Ort" der Anwesenheit Gottes!
Haben wir jetzt übertrieben? Haben wir diesen Vergleich zu weit getrieben? Dann haben auch die Apostel übertrie-

ben, dann hat auch Jesus die Sache übertrieben! Was soll das denn sonst heißen: „*Ich* bin das Licht der Welt. Wer mir nachfolgt, wird nicht in der Finsternis gehen, sondern er wird das Licht des Lebens haben" (Joh 8,12). „*Ihr* seid das Licht der Welt. Eine Stadt, die auf einem Berg liegt, kann nicht verborgen bleiben. Man zündet auch nicht eine Lampe an und stellt sie unter einen Eimer, sondern auf einen Leuchter; dann leuchtet sie allen im Haus. So soll *euer Licht* vor den Menschen leuchten, damit sie eure guten Taten sehen und *euren Vater* im Himmel preisen" (Mt 5,14–16). Kann man sich eine bessere Umschreibung vorstellen für das, was ein heiliges Zeigegefäß, eine Monstranz ist? Jesus in uns, Licht für die Welt, Hinweis auf den Vater! Was soll das heißen: „Ich stehe an der Tür und klopfe. Wenn einer meine Stimme hört und die Tür öffnet, werde ich bei ihm eintreten, und ich werde mit ihm und er wird mit mir Mahl halten..." (Offb 3,20). „Wer mich liebt, wird mein Wort festhalten; mein Vater wird ihn lieben, und wir werden zu ihm kommen und *bei ihm wohnen*" (Joh 14,23). Gott nimmt Wohnung in uns, er macht uns zu seinem Zelt, zu seinem Tabernakel. Ist das vermessen, so etwas zu sagen und zu denken? Worte des lebendigen Evangeliums! Er selbst, sein Leib ist der neue Tempel Gottes. Er macht uns zu seinem Leib, er macht uns zum neuen Tempel Gottes! Dieser Gedanke ist ein wichtiges Thema der apostolischen Verkündigung: „Er kam und verkündete den Frieden... Ihr seid also jetzt nicht mehr Fremde ohne Bürgerrecht, sondern Mitbürger der Heiligen und Hausgenossen Gottes. Ihr seid auf das Fundament der Apostel und Propheten gebaut; der Schlußstein ist Christus Jesus selbst. Durch ihn wird der ganze Bau zusammengehalten und wächst zu einem heiligen Tempel im Herrn. Durch ihn werdet auch *ihr* im Geiste zu einer *Wohnung Gottes* erbaut" (Eph 2,17–22). „Kommt zu ihm, dem lebendigen Stein, der von den Menschen verworfen aber von Gott auserwählt und geehrt worden ist! Laßt euch als lebendige Steine zu einem geistigen Haus aufbauen, zu einer heiligen Priesterschaft, um durch Jesus Christus geistige Opfer darzubringen, die Gott gefallen" (1 Petr 2,4 f).

Wenn uns dieser Gedanke fremd und ungewohnt vorkommt, dann jedenfalls nicht, weil er in der apostolischen Predigt im Neuen Testament nicht deutlich genug ausgesprochen wäre, sondern weil wir in den Jahrhunderten der Kirchengeschichte immer wieder der Gefahr erlegen sind (und auch heute noch immer wieder in der Gefahr stehen), das Bild zur Sache selbst zu machen und die Sache selbst zu verdrängen und zu vergessen. D. h. wir haben den steinernen Bau, den Dom, die Kathedrale, die Pfarrkirche und das heilige Gerät darin zur Hauptsache, zur heiligen Sache, zum Sakralen gemacht und uns selbst, unsere Gemeinschaft, unser getauftes und gefirmtes alltägliches Leben als profan empfunden, das nur gelegentlich, nur am Sonntag, für kurze Zeit wieder in den Bereich des Sakralen eintauchen konnte. Dieser verkehrte, vorchristliche, heidnische, rein menschliche Gebrauch der Worte „Sakral" und „Profan" verstellt die Wirklichkeit. Die sakrale Wirklichkeit sind *wir selbst in Jesus*, die Gemeinde, unser Leben, und das zeichenhafte *Abbild* davon ist der steinerne Bau, der Dom, die Pfarrkirche. Die Verkehrung der Sicht hat sich an vielen Stellen breitgemacht und wird nur mühsam korrigiert. Als kleiner Ministrant durfte ich z. B. nur mit einem kleinen Velum oder mit einem eigens dafür angefertigten weißen Handschuh den Kelch und die Patene anfassen, wenn ich dem Küster helfen wollte. Das wirkte alles geheimnisvoll und feierlich, aber das Gemeinte wurde mehr verstellt als eröffnet, daß nämlich das eigentliche heilige Gefäß wir selber sind, die wir den eucharistischen Leib des Herrn in uns aufnehmen, und daß er auf dem goldenen Gerät nur deshalb liegt, *weil* er in uns eingehen will. Hier stimmte trotz aller äußeren Ehrfurcht die Blickrichtung nicht: Den Leib des Herrn selbst durfte ich essen, aber das Hilfsgerät durfte ich nur mit verhüllten Händen berühren. Ist das Gerät denn wichtiger als die Speise selbst? Sie verstehen mich richtig: Ich rede nicht gegen ehrfürchtige Gebärden im Gottesdienst. Im Gegenteil, ich denke, daß bei vielen von uns die Gebärde des Empfangens der heiligen Speise ehrfürchtiger sein könnte, wenn wir die Hände ineinander legen, ein wenig erheben ohne Hast als Zeichen unserer Bereitschaft, um mit dieser Haltung auszudrücken, was wir denken und was wir empfinden, wen wir erwarten und wen wir erbitten. Aber diese Ehrfurcht richtet sich auf *ihn*, auf *sein Kommen* – und nicht auf irgendein kostbares Hilfsgerät. Das eigentlich wichtige Gefäß sind wir selbst: *Wir* sind der Kelch, *wir* sind der Tabernakel, *wir* sind die Monstranz, *wir* sind der Tempel.

Aus: Th. Schneider, Wir sind sein Leib. Meditationen zur Eucharistie, Mainz 1977, Topos 65, [4]1989.

Otto Hermann Pesch

Gotteserfahrung heute

„Gott" in der Erfahrung?

Erfahren wir *Gott?* Die Antwort kann nur heißen: Nein! *Gott ist kein Gegenstand unserer Erfahrung.*
Man muß es zunächst mit solch gnadenloser Härte ausdrücken. Wer den volltönenden Satz sagt: „Wir erfahren Gott heute ganz anders als früher", und wer gar sagt: „Ich habe Gott erfahren", der ist uns zuerst einmal eine Rechenschaft schuldig, was er denn hier mit „Erfahrung" meint, und zwar im Unterschied zu jedem heutigen alltäglichen oder wissenschaftlichen Gebrauch des Wortes „Erfahrung". Andernfalls müßte er, falls er beim „normalen" Gebrauch des Wortes „Erfahrung" bleibt, den Verdacht zulassen, daß er mit „Gott" etwas ganz anderes meint, als man immer mit diesem Wort verbunden hat – nämlich in diesem Fall letztlich ein Weltphänomen, da „Erfahrung" es nach „normalem" Sprachgebrauch immer und ausschließlich mit welthaften Phänomenen zu tun hat.
Solange eine solche Rechenschaft ausbleibt, gilt unverändert Rudolf Bultmanns Satz: „Wir können nur an Gott glauben *trotz* der Erfahrung."[1] Keine Welterfahrung auf irgendeinem Gebiet, sei sie positiv oder negativ, gibt die Gegenwart Gottes dergestalt zu erkennen, daß sie unwidersprechlich wäre, Anspruch auf jedermann ausweisbare zwischenmenschliche Verbindlichkeit erheben und daher

1 Vgl. R. Bultmann, Jesus Christus und die Mythologie, Hamburg 1964, 99.

auch mitgeteilt werden könnte, wie nur immer Erfahrungen unter Menschen mitgeteilt und ausgetauscht werden können. *Wenn* es trotzdem zur Gewißheit der Wirklichkeit Gottes kommt, dann durch einen Vorgang und Vollzug, der dem Augenschein jeglicher und vor allem jeder direkt gegenteiligen Erfahrung widersteht und sich sogar gegen sie durchsetzt.
Diesen, jeden Vergleich mit anderen Vollzügen überschreitenden, ja sprengenden Vorgang und Vollzug nennen wir „Glaube". Eine direkte Bezugsetzung von Erfahrung und *Gott* ist illusorisch. Die Bezugsetzung zwischen Erfahrung und *Glaube an Gott* jedoch ist keineswegs illusorisch, sondern nun gerade ein drängendes Problem. Auf welche Erfahrungen bezieht sich der Glaube? Und hat, wenn schon nicht Gott selbst, so doch der Glaube an ihn einen Anhaltspunkt gerade in dieser „gott-losen" Erfahrung?

Glauben fängt immer damit an, daß der Mensch seine wahre Wirklichkeit erkennt. Diese Wirklichkeit ist heute so, daß er um die Menschlichkeit selber fürchten muß. Es ist darum schon die Vorform des Glaubens, wenn der Mensch wieder Mensch zu sein lernt – mitten in den Erfahrungen, die er heute mit der Welt und mit sich selbst macht.
Glaube beginnt darum mit der *Frage nach der Frage*, die der Mensch sich selbst ist. Das heißt aber: Er beginnt *mit der Erfahrung mit Erfahrungen*. Sie besagt, daß die modernen Erfahrungen sich *nicht* von selbst verstehen, sondern unverständlich und heillos bleiben, falls es unerlaubt sein sollte, über sie hinaus zu fragen. Wie geht solches vor sich?

Wir machen etwa eine Wanderung, stehen auf einem Berg oder inmitten einer unabsehbaren Ebene oder am Meer

oder an einem großartigen Wasserfall – und können uns nicht sattsehen. Wir erleben ein Kunstwerk, ein Gedicht, ein Theaterstück, eine Sinfonie, ein Gemälde – und sind in allen Fasern unserer Erlebniskraft gepackt. Wir stehen vor einem Wunderwerk menschlicher Erfindungskraft, vor einem Riesenflugzeug, einem Elektronenrechner, einer elektrischen Schnellzuglokomotive; wir sehen Fotos und Filme von der bemannten Weltraumfahrt – und wir erleben handgreiflich die Größe des Menschen und seine Macht über die Dinge.
Wir können solche Erfahrungen hinnehmen unter dem Gesichtspunkt von Zweck und Nutzen. Wir können solche Erfahrungen aber auch annehmen, *ohne* sogleich an Zwecke und Nutzen zu denken, einfach als ein Stück Wirklichkeit, das in sich selbst Wert hat, das keinen Einwand duldet. Nennen wir es die Erfahrung des „Zwecklosen". Die Außenseite solcher Erfahrungen ist das Phänomen der Faszination: In solchen Augenblicken sind wir hingerissen, so daß zeitweilig in unserem Bewußtsein für nichts anderes mehr Raum bleibt.
Die Erfahrung des „Zwecklosen", das zeigt sich bei ein wenig Nachdenken, versteht sich nicht von selbst. Man muß dazu fähig, dazu „gestimmt" sein. Man muß „darauf kommen", und das heißt: Man muß es lernen. Es ist eine Erfahrung mit Erfahrungen, das heißt: Es ist schon eine Deutung von Erfahrungen, die aus dem Bedenken von Erfahrungen kommt.

Erfahrung der Liebe

Betrachten wir solche Erfahrung des Zwecklosen noch auf einem anderen Gebiete. Wir beobachten Menschen, andere Menschen oder uns selbst, die eine Entscheidung treffen müssen – und dürfen erleben, wie Interesse und

Ethos, Selbstsucht und das Recht des anderen, Machtwille und Fairneß miteinander ringen – und Ethos, Recht und Fairneß obsiegen. Wir stehen, bei anderen oder bei uns selbst, vor dem Wunder einer menschlichen Beziehung, einer Freundschaft, einer Liebe – und können die Frage nicht zum Schweigen bringen: Wie kommt dieser Mensch, wie komme ich eigentlich dazu, der das weder gewollt noch geplant noch verdient hat? Wir sind Zeugen, bei anderen, bei uns selbst, eines unerbittlichen Ringens um menschliche Reifung, um innere Ausgeglichenheit, um Güte, um gelungenes Menschsein – und kein Vorteil der Gewissenlosen, keine gegenteilige „öffentliche Meinung", keine Lebensgrundsätze einer Konsumgesellschaft können unser Urteil trüben, wo wahrer menschlicher Wert und wo menschlicher Selbstverlust ist. Wir arbeiten, wo und woran auch immer, sachlich, treu, gewissenhaft, klug, ohne Klagen über Quertreibereien, Widerstände, Langeweile – und erleben, wie unter unseren Händen ein kleines, ein großes, vielleicht gar ein gewaltiges Werk entsteht, eine Schöpfung, die hinterher in sich selbst Bestand hat, unser gar nicht mehr bedarf, um faszinierend zu sein, was sie ist.

Auch für solche „Erfahrung der Liebe", wie ich abkürzend solche menschlichen Erfahrungen nennen möchte, gilt das schon Gesagte. Auch in ihr wird das „Zwecklose" erfahren, das durch die „Verzwecklichung" gerade in seiner Menschlichkeit zerstört wird. Zugleich zeigt sich hier noch unwidersprechlicher als bei den Faszinationserfahrungen in der Begegnung mit Dingen, daß wir einen Schritt weiter tun dürfen. Das „Zwecklose" zeigt sich als das „Geschenkte." Denn es ist gerade dadurch „zwecklos", daß es sich letztlich meiner Verfügung entzieht. Kurz: die Erfahrung mit der Erfahrung des Zwecklosen besagt: Wirklichkeit übersteigt das Machen und Handeln des Menschen.

Solche Erfahrung mit Erfahrung verlangt nun aber eine weiterführende Deutung, die ihrer Eigenart standhält. Unter den Möglichkeiten einer solchen Deutung bietet sich der Glaube an Gott als die Quelle und das Innengeheimnis solcher Wirklichkeitserfahrungen an. Denn wenn wirklich Annehmen und Verdanken das „sachgerechte" Verhalten zu solcher Erfahrung sind, dann ist damit von „jemandem" die Rede, von dem man annimmt und dem man verdankt – einem „jemand", der nicht mehr der Mensch selbst ist, wenn die Frage nicht wieder ganz von neuem sich stellen soll.
Solcher Glaube steht selbstverständlich in Konkurrenz zu anderen Deutungen – er kann diese nicht einfach zwingend aus dem Felde schlagen. Der einzige „Ausweis" des Glaubens ist, daß er solche Erfahrungen des Zwecklosen und der zwecklosen Liebe tatsächlich in einer Weise zu interpretieren und anzunehmen weiß, die ihnen gerecht wird.

Wir dürfen nicht bei den faszinierenden Erfahrungen des Zwecklosen, bei den Erfahrungen der Geschenke der Wirklichkeit stehenbleiben. Wir haben auch die Erfahrungen des Unheils, des *ausbleibenden* Geschenkes, des sich *entziehenden Glücks*, *der scheiternden* Liebe zu bedenken – Erfahrungen, in denen an die Stelle der Faszination das Entsetzen tritt.
Wir fragen zum Beispiel: Warum sind wir Menschen so seltsam konstruiert, daß die Offenheit unseres Wesens nie Erfüllung findet? Warum langen wir beständig nach dem ganz großen Glück aus, das keinen Wunsch mehr offen läßt, und müssen uns doch immer wieder mit dem bescheidenen Glück zufriedengeben, das wir als unserem Niveau nicht angemessen empfinden? Warum müssen Menschen leiden – nicht im allgemeinen, wo man vielleicht noch diese und jene Ursache, diese und jene Zusammenhänge

aufdecken könnte, sondern jeweils individuell und persönlich: Warum leidet gerade der, warum gerade ich, obwohl ich es nicht mehr und nicht weniger verdient habe als der Nachbar? Warum bricht der Tod alles ab, was wir aufgebaut haben, zusammen mit anderen Menschen aufgebaut haben? Warum – und das ist ja das dunkelste aller Rätsel – sind wir alle überzeugt, daß eigentlich das Gute siegen müsse; daß das Ethos das Handeln und Zusammenleben der Menschen bestimmen müsse; daß kein Mensch und keine Gesellschaft auf Kosten anderer Menschen leben dürfe; und warum müssen wir doch, heute mehr denn je, erleben, daß nicht das Gute, wie wir gern annehmen möchten, siegt, sondern, wenn es darauf ankommt, das Böse? Daß der Gewissenlose und Skrupellose immer stärker ist als der, der Hemmungen hat, sich alles zu erlauben? Was ist mit dem Menschen los, daß nicht einmal die Aussicht auf einen kollektiven Tod allen Lebens auf der Erde ihn dazu bringt, vernünftig und ethisch zu handeln? Daß nicht einmal die allen erkennbaren Folgen seines ungebremsten technischen Könnens ihn dazu bringen, neue Prioritäten im Zusammenleben und gemeinsamen Handeln zu setzen?

Hier stellt sich jene Frage, die man gewöhnlich und mit Recht die „Sinnfrage“ nennt: die Frage nach dem Sinn des Ganzen, der Wirklichkeit und des menschlichen Lebens. Was sie meint, erhellt schon genügend aus dem Gegenteil: der drohenden, ja nahegekommenen Absurdität des Menschen. Und doch kann der Mensch nicht davon ablassen, sich für etwas anderes gut zu halten als für die Absurdität. Damit zeigt sich auf der negativen Seite aber eine ähnliche Offenheit wie bei den positiven Erfahrungen. Die Erfahrungen mit diesen Erfahrungen haben wir zu bedenken – und wieder verweisen sie in eine Richtung, in der so etwas wie „Gotteserfahrung“ in Sicht kommt, falls der Glaube sie richtig deutet.

Denn auch und gerade auf diese Erfahrung bezieht sich der Glaube, indem er dem Menschen sagt: Du darfst auch in der Erfahrung der quälenden Rätsel und der radikalen Ohnmacht dessen gewiß sein, daß Gott die Welt und dein Leben in der Hand hält, auch da, wo kein Licht mehr zu sehen, wo Gott eben ganz und gar nicht mehr zu „erfahren" ist. Ja noch mehr: In Jesus, dem Christus, ist er, der in Gottesgestalt war, Knecht geworden bis zum Tod am Kreuz. Gerade hier, bei den radikalen Grenzerfahrungen des Menschen, wo es nicht mehr um seine Bedürfnisse, sondern um seine radikale Bedürftigkeit geht, redet der Glaube nicht von einem teilnahmslos-allmächtigen Gott, der, selber leidlos, am Ende alles zurechtbringen wird, sondern von dem ohnmächtigen Gott am Kreuz, der *seinen* Sinn und *seine* heilende Macht dem Geschehen dadurch einstiftet und gegenwärtig hält, daß er Menschenschicksal teilt und Menschengeschichte zu seiner eigenen Geschichte macht. Nur von daher ist es möglich und überhaupt erlaubt, daß der Glaube gerade an diesen dunklen Rändern der Existenz Trost, Geduld, Gelassenheit, ja gesammelte Freude schafft.

Auch die Deutung der radikalen Sinnsuche in erfahrener Sinnlosigkeit, ja Absurdität ist eine *Deutung*. Und wie im Falle der Erfahrung des Zwecklosen hat der Glaube auch hier keinen anderen „Ausweis" als seine Kraft, Licht in die Erfahrung der Sinnlosigkeit zu bringen und sie ertragen zu lassen.

Dies gilt um so mehr, als ja ein wichtiger Unterschied zur gläubigen Deutung der Erfahrung des Zwecklosen nicht zu übersehen ist: Dort ist es noch möglich, wenn auch nicht zwingend, ahnungsweise ein Bild von Gott zu formen. Im Fall der Sinnlosigkeitserfahrung ist das Ahnen

Gottes viel schwieriger. Eine Antwort kann der Mensch sich nur geben unter dem Kreuz. Daß Gott auch in der Sinnlosigkeit gegenwärtig sein soll – und man muß am heutigen Anschauungsmaterial ermessen, was das heißt! –, das kann sich kein Mensch selber sagen. Vor dem ohnmächtigen Gott ist alle Philosophie zu Ende – nicht aber eine „Theologie des Kreuzes", die ermächtigt ist, von dem Gott zu reden, der „unter dem Gegensatz verborgen ist" (Luther).[2]

Gotteserfahrung im Glauben

Damit kommen wir nun zur entscheidenden *Schlußfolgerung*: Die genannten Haftpunkte des Glaubens in der Erfahrung mit unseren Erfahrungen, erschlossen durch das Wort der zunächst so unzeitgemäß scheinenden Botschaft, variiert durch das Erfahrungsmaterial unseres gesamten individuellen und sozialen Lebens, erlauben nun die Aussage: *Sie sind indirekte Gotteserfahrung*. Nicht *direkte* Gotteserfahrung, weil sich keine dieser Erfahrungen, ob gut oder böse, dem Menschen, auch wenn er sie bedenkt, zwingend oder auch nur fraglos gewiß unter dem Namen „Gotteserfahrung" aufdrängt, weil sich vielmehr gerade eine solche Deutung immer gegen alle möglichen Widerstände durchzusetzen hat. Es ist immer der Glaube, der diese Erfahrungen als Gotteserfahrungen deutet. Der Glaube stützt sich dabei nicht auf den Sachgehalt dieser Erfahrungen selbst, auch nicht auf die reflektierende Besinnung auf diese Erfahrungen (wenngleich sie ihn zu ih-

2 In diesem Gedanken von dem „unter dem Gegensatz verborgenen Gott" besteht Martin Luthers wichtigster Beitrag zur heutigen Glaubensreflexion. Vgl. O. H. Pesch, Hinführung zu Luther, Mainz ^{2}1983, 244–263.

rem Teil plausibel macht), sondern auf das Wort der Botschaft, das er in der Geschichte hat lautwerden hören und das sich dem Menschen als Verstehensschlüssel für seine Erfahrungen anbietet. Anders ausgedrückt: Die genannten Erfahrungen *sind* in der Tat Gotteserfahrungen, sogar primäre Gotteserfahrungen. Aber erst der Glaube *versteht* sie als Gotteserfahrungen – ohne den Glauben bleiben sie nur das helle oder dunkle, faszinierende oder quälende Geheimnis, das das Dasein des Menschen umgibt und durchwirkt.

Allerdings: Der Glaube, der selber die grundlegende Weise ist, Erfahrungen als Gotteserfahrungen verstehen zu lassen, setzt seinerseits Gotteserfahrung in Gang. Das heißt: Er hält dazu an, Gott in allen Dingen zu *finden* – und zu *suchen*. Wirklicher Glaube prägt das Lebensgefühl um. Wer glaubt, wird nicht nur aufhören, die Wirklichkeit allein auf ihren Nutzwert zu verrechnen, er wird Gottes persönliche Spuren überall entdecken, von den Geheimnissen der Schöpfung – man denke an bewußt christliche Naturwissenschaftler! – bis zu den Aufgaben der Geschichte und der Zukunft, bis hin auch zur Erkenntnis des Willens Gottes über das einmalige persönliche Leben.[3] Solches Finden Gottes in allen Dingen ist so wenig jemandem aufzunötigen wie der Glaube selbst. Dem durch den Glauben sensibel Gewordenen freilich ist es eine des Beweises nicht bedürftige Selbstverständlichkeit. *Der Glaube prägt Erfahrungen um und macht empfänglich für eine unabsehbare Fülle indirekter, aber wirklicher Gotteserfahrung.*

3 Besonders hilfreich in dieser Hinsicht sind die vielen Meditationen von K. Rahner in verschiedenen Bänden seiner Schriften zur Theologie. Vgl. bes. den Aufsatz: Über die Erfahrung der Gnade, Bd. 3, 105–110; ferner die anderen einschlägigen Aufsätze in den Bänden 3, 5, 7 und 12; ferner Ders., Erfahrung des Geistes, Freiburg 1976. Zum Kontrast, in dem der Unterschied der Generationen wie der Positionen gleicherweise festge-

Wenn Gotteserfahrung die Gestalt unserer (im Glauben gedeuteten) Welterfahrung hat und haben muß, und wenn der Glaube uns heute gerade in die Geschichte weist als den Ort der Erfahrung Gottes, dann ist eben dies die Aufgabe der Glaubenden, die gewandelte Gotteserfahrung anzunehmen und Gottes Willen in den Aufgaben der geschichtlichen Stunde zu finden. Darum sollte die Kirche und sollten traditionsverbundene Christen auch nicht angstvoll mit Mißtrauen und mit Pauschalurteilen wie „Soziologismus", „Ethizismus", „Humanismus", „Immanentismus" u. ä. reagieren, wenn andere Christen und Theologen sich ernste Gedanken darüber machen, was man an den sozialen und politischen Lebensbedingungen der Menschen heute ändern muß, damit überhaupt wieder eine Chance entsteht, aus der Armut heutiger Gotteserfahrung herauszukommen. Die *Frage* nach solchen Zusammenhängen ist grundsätzlich eine Frage nach den Wegen, auf denen heute Gotteserfahrung möglich oder blockiert wird. Nur durch den Mut zur *offengehaltenen* Gotteserfahrung, durch die Bereitschaft zum Unvermuteten, zum Aufbruch aus jedem bequemen geistigen, begrifflichen, sprachlichen Zuhause, zur „prospektiven Ethik", die nicht immer erst längst vollzogenen Entwicklungen sich anbequemt, durch offenherzige Annahme aller Fragen, die wirklich gestellt werden und die wir uns nicht zuerst angenehm zurichten können: Nur durch dies alles werden wir ja schließlich mit Erfolg dem Verdacht der Religionskritik entgehen können, wir extrapolierten im Gottesglauben nur das Konglomerat unserer unerfüllbaren egoistischen Sehnsüchte und Wünsche.

halten ist, vgl. P. Eicher, Der Herr gibt's den Seinen im Schlaf, München 1980.

Wir haben keinen Anlaß, uns zwischen wissenschaftlichem Erfahrungsbegriff auf der einen und charismatischem oder sich charismatisch gebendem Drängen nach selbstverständlicher Gotteserfahrung auf der anderen Seite davonjagen zu lassen. Der christliche Glaube hat nie behauptet, einem Nichtglaubenden Gott „vorzeigen" zu können. Aber zeigen können wir, auf welche Erfahrungen sich der Glaube an Gott deutend und stellungnehmend bezieht, und zeigen können wir, was wirksam werdender Glaube aus einem Menschen macht.

In diesem Sinne also ist Gotteserfahrung möglich – „auch heute noch": als deutender Blick des in Freiheit vollzogenen und verinnerlichten Glaubens auf die Wirklichkeitserfahrung, als Lebensbezug des Glaubens. Es gibt keine direkte und unmittelbare, sondern nur eine indirekte und vermittelte Gotteserfahrung. Aber es gibt einen erfahrenen Glauben.

Aus: O. H. Pesch, Dogmatik im Fragment, Gesammelte Studien, Mainz 1987.

Hans Waldenfels

Den christlichen Glauben in jede Zeit und jeden Lebensraum vermitteln

In der Frage nach dem heutigen Selbstverständnis der Fundamentaltheologie zeigt sich eine spürbare Unsicherheit. So kann man nicht nur nach dem Charakter und der Gestalt dieser Disziplin fragen, sondern man muß sich auch der Frage ihrer Notwendigkeit stellen.

Die zweite Frage kann man schon deshalb stellen, weil die Theologie als ganze lange Zeit offensichtlich ohne sie ausgekommen ist. Die zuvor genannten Aufgaben der jungen Disziplin sind aber auch in der Vergangenheit von der Theologie wahrgenommen worden. Denn die *ganze* Theologie muß im Grunde genommen so getrieben werden, daß der christliche Glaube apologetisch-hermeneutisch-dialogisch in *jede* Zeit und *jeden* Lebensraum hinein vermittelt wird. Dabei darf der Grund des Glaubens der Theologie als ihr eigener Grund niemals aus dem Blick geraten. Entsprechend muß die Theologie als ganze eine fundamentaltheologische *Perspektive* haben, so wie sie stets missionarisch ausgerichtet sein muß und um die Überzeugungskraft des Christentums ringen und für diese werben soll. (...)

Entsprechend zeigt die fundamentaltheologische Argumentation einen deutlichen Methodenpluralismus:

– Die Fundamentaltheologie bedarf der *Philosophie*, zumal der Religionsphilosophie, insofern als diese den Menschen als die Frage, die sich ihm selbst unaufhörlich stellt, vorstellt. Ob dieser Sachverhalt in der Weise beschrieben wird, daß der Mensch damit zum theologischen „Anknüpfungspunkt“ wird, wie es katholisches Denken sieht, oder nicht, wie es zumal in der protestantischen Dialektischen Theologie diskutiert wurde, kann hier dahingestellt bleiben; positiv oder negativ gehört die philosophische Reflexion zum Umkreis der Theologie.

– Die Fundamentaltheologie bedarf der *Geschichtswissenschaft*, insofern als das Christentum prinzipiell an die Geschichte gebunden ist. Es gibt kein Christentum ohne Bindung an Jesus von Nazaret und seine Nachfolgegemeinschaft, die in der Geschichte zur Überlieferungsgemeinschaft geworden ist. Die im Christentum gegebenen Antworten auf die Frage „Mensch“ sind folglich nicht aus dem Denken des Menschen deduzierbar, sondern das christliche Denken bleibt an die Antworten gebunden, die ihm aus der Geschichte des Ursprungs und der Überlieferung zuteil werden.

– Die Fundamentaltheologie bedarf der *Gesellschaftswissenschaften*, insofern als das Christentum selbst sich in den Christusnachfolgern gesellschaftlich formiert, diese sich mit ihrer Botschaft an die Gesellschaft im allgemeinen wenden und die Konkretisierung der Kirche als der Gemeinschaft der Christen nicht ohne Beziehung zu den Gesetzen menschlicher Gesellschaftsbindung vonstatten geht. Das Verhältnis von Theologie und Gesellschaftswissenschaften hat denn auch in jüngerer Zeit eine wachsende Bedeutung erhalten.

– In gewissem Sinne läßt sich das Tun des Fundamentaltheologen mit dem Stehen auf der Türschwelle eines Hauses vergleichen. Wer auf der Türschwelle steht, befindet sich gleichsam zugleich draußen und drinnen. Er hört die Argumente derer, die vor der Tür, und derer, die im Hause sind. Es geht ihm aber um den Eintritt in das Haus. Einerseits macht er sich zu eigen, was die Menschen draußen wissen und sehen – in Philosophie, Geschichts- und Gesellschaftswissenschaften –, was sie über Gott, Jesus von Nazaret und die Kirche, aber auch was sie über sich selbst, die Welt, die Gesellschaft, in der sie leben, denken. Anderseits kommt er mit dem Wissen von innen als einer Einladung an alle, die drinnen *und* draußen sind. Der springende Punkt christlicher Theologie ist aber dann, die Tür, von der wir bildhaft sprechen, als *die* Tür zum realen Heil des Menschen zu erweisen im Blick auf den, der in den Worten des Johannesevangeliums gesagt hat: „Ich bin *die* Tür." (10,7.9)

(...) Freilich läßt sich kaum leugnen, daß heute oft genug – um im Bild zu bleiben – auch diejenigen, die im Hause sind, nicht wissen, wie sie hineingekommen sind, so daß der Dogmatiker dann mit ihnen wieder „in der Tür" steht. Keine theologische Disziplin kann in diesem Sinne auf die fundamentaltheologische *Perspektive* verzichten. Umgekehrt läßt die Tatsache, daß Christen wie Nichtchristen sich als Fragende erfahren, Nichtchristen als Skeptiker und Nicht-Überzeugte, es sehr sinnvoll, wenn nicht gar notwendig erscheinen, daß die Türsituation eigens in relativer Selbständigkeit von der Dogmatik, eben in der Fundamentaltheologie als *Disziplin*, betrachtet und behandelt wird.

Ohne Bild gesagt: Die Fundamentaltheologie ist eine *theologische* Disziplin. Sie ist nicht mit der Religionswissenschaft zu verwechseln, die methodisch bewußt von jeder Identifizierung mit einer bestimmten Religion absieht. Die Fundamentaltheologie ist aus der christlich-kirchlichen Bindung und Identität heraus vollzogene theologische Wissenschaft mit dem Ziel, den Grund des christlichen Glaubens und seiner Theologie als heil- und lebenschenkendes Fundament und Prinzip zu erweisen, als solches in unsere Zeit hinein plausibel zu machen und für die Menschen unserer Zeit relevant werden zu lassen. Diese Relevanz aber ist nur zu erreichen, wenn die Theologie sich der Mühe unterzieht, sich ihres konkreten Kontextes zu vergewissern. Das bedeutet im Sinne unseres Appells zugunsten der Dialogik: Die Relevanz erfordert den Mut, den anderen zunächst ihn selbst sein zu lassen – in seiner Fremdheit und Andersheit.

Was zu erwarten ist, wenn Theologie sich auf dem Boden etwa des Geistes des Zen-Buddhismus vollzieht, habe ich in der „Faszination des Buddhismus“ so zum Ausdruck gebracht:
Christlicher Glaube und Zen erweisen sich als zwei „Wege“, die zu gehen sind. Beide sind zunächst und vor allem praktische Grundvollzüge des Menschen. Die Praxis des Christen ist beschrieben in den Paulusworten: „Heget jene Gesinnung in euch, die Christus Jesus beseelte!“ (Phil 2,5) – eine Gesinnung, die Paulus im Sinne einer kenotischen Christologie ausdeutet. Der kenotische Grundzug der Existenz Christi, der in der Selbstentäußerung und Leere des Kreuzestodes seinen unausdenkbaren, unüberbietbaren Höhepunkt erreicht, ist gerade in dem Kreuzessymbol gut beschrieben: Die Existenz Jesu Christi ist ausgewiesen als Existenz, die sich radikal und total von Gott her auf Gott hin erstreckt – vertikal – und sich zugleich in unüberbietbarer Einheit mit dem Vater an alle Menschen verströmt – horizontal –, so daß sich die Kenose als das Wesen Gottes selbst offenbart. Sie wird damit zur persongewordenen Gestalt des in Israel verkündigten Gottesgebotes, das Jesus als Hauptgebot wiederholt: „Höre, Israel, der Herr, unser Gott, ist allein Herr; den Herrn, deinen Gott, sollst du lieben aus deinem ganzen Herzen, aus deiner ganzen Seele, aus all deinem Sinnen und Denken und all deiner Kraft. Das zweite ist: Du sollst deinen Nächsten lieben wie dich selbst“ (Mk 12, 29–31).
Wo es gelingt, dieses Grundgebot zu verwirklichen – und selbst der Christ kann nicht für sich beanspruchen zu wissen, daß er es tatsächlich verwirklicht –, geschieht Nach-

folge Christi. Wenn dem aber so ist, was sollte dann den Christen hindern, in den Wegformen, auf denen die radikale Selbstentleerung im Sinne einer radikalen Selbstlosigkeit gefordert und gelehrt wird, eine Tendenz zu erkennen, die dahin treibt, wo Gott selbst den Menschen abholt? Was sollte den Christen daran hindern zu hoffen, daß Gott auch jene ergreift und zieht, die, ohne sein Antlitz zu kennen, sich dennoch dem Bodenlosen anvertrauen und in deren Leben sich Spuren des zuvor beschriebenen Glaubensaktes finden, ohne daß sie die Bezeichnung im christlichen Verständnis des Wortes kennen?
Die geistlichen Wege werden gerne mit der Besteigung eines Berges verglichen. Beliebt ist, zumindest war bei Christen die Feststellung: Während wir den Weg bis zum Gipfel schaffen, bleiben die Nichtchristen in ihrem Bemühen auf einer unteren Stufe stecken. Übersehen wird dabei oft nur, daß, will man nicht dem Pelagianismus verfallen, auch für das Leben des Christen das Hauptgewicht nicht den eigenen Kräften, sondern der ziehenden Kraft Gottes zuzuerkennen ist. Wenn aber wir Christen uns der Hilfe Gottes anvertrauen müssen, warum sollten wir dann nicht auch die anderen derselben Hilfe Gottes überlassen? Und selbst wenn diese, weil sie Gottes Antlitz nicht kennen, aus ihrer Sicht der Dinge den, den sie nicht kennen, leugnen sollten, müssen wir dann der Behauptung ohnmächtiger Eigenmächtigkeit mehr Macht zusprechen als der alles überbietenden Macht unseres liebenden Gottes, den wir doch kennengelernt zu haben meinen?
Gegenüber dem Bild vom Aufstieg auf einen Berg gibt es, zumal wenn vom Lassen gesprochen wird, als geeigneteres Bild die Vorstellung bodenloser Tiefe. Deutlicher als das erste Bild stellt das Loslassen angesichts der unauslotbaren, bodenlosen Tiefe Christen wie Nichtchristen vor die Forderung, nicht mehr selbst bestimmen zu wollen, sondern sich bestimmen zu lassen und sich anzuvertrauen. Ist

es aber, wo der Mensch sich aufgefordert sieht, sich loszulassen und anzuvertrauen, sich nicht an irgend etwas und irgendwen in der Welt zu klammern, so wichtig, daß er sagen kann, *wer* denn da auffordert, wenn er zunächst einmal der Aufforderung Folge leistet?

Doch nach diesem Plädoyer für die Praxis der Nachfolge des gekreuzigten Herrn angesichts der Praxis der Zenbuddhisten ist im Hinblick auf die heutige Meditationspraxis in unserem Land die kritische Rückfrage des abendländischen Christen zuzulassen, die wir in folgenden Teilfragen entfalten:

1. Ist das, was dem Nichtchristen ein Weg sein kann, auch für den gläubigen Christen ein Weg?
2. Muß sich nicht der Christ, der sich auf den Weg des *munen musō*, des *muga*, des Nichts-Vertrauens begibt, den Vorwurf des Verrates gefallen lassen, weil er sich von dem Worte Gottes zum Schweigen des Nichts abwendet?
3. Muß sich eine am asiatischen Vollzug orientierte Meditationspraxis nicht den Vorwurf machen lassen, daß sie die Einzigartigkeit der Mittlergestalt Christi verdunkelt, vielleicht gar beseitigt und daß konsequenterweise auch der dialogische Grundzug christlicher Meditation verlorengeht?

Dazu möchten wir in Kürze feststellen:

1. Der asiatische Weg ist sicherlich insofern ein Weg, als er den Christen an die Radikalität seines eigenen Weges der Christusnachfolge verweist. Auch wenn bei der Meditation ohne Gegenstand die psychologischen Implikationen zu bedenken sind und die Gefahren einer führungslosen Meditation nicht geringgeschätzt werden dürfen, muß aus einer theologischen Bewertung heraus festgehalten werden, daß Christen in Solidarität mit Menschen, die den Weg Christi nicht kennen, diese dort begleiten können, wo sie sich in vollem Ernst um Befreiung aus dem Gefäng-

nis des eigenen verkehrten Ich mühen und sich für die Erfüllung des wahren Selbst öffnen.

2. Wo es um die eigene Glaubensexistenz des Christen geht, muß dieser sich prüfen, ob er sich der asiatischen Meditationsform im Sinne der Flucht oder auf der Suche nach der Begegnung mit dem Gott der Offenbarung nähert. Es darf nicht übersehen werden, daß in der Glaubensnot unserer Tage viele Christen sich heute als *fideles simul et infideles* erfahren haben und mühsam neue Gehversuche auf den Gott der Offenbarung hin tun müssen. Bei der Inflation der Wörter und Ideen kann die Einübung in das Schweigen und Sich-eröffnen, in das Nicht-denken als Weg zur Erfahrung des Gedachtwerdens, in das Nichtbegreifen als Weg zur Erfahrung des Ergriffen-werdens, die Hinführung vor das Mysterium des freien Gottes auf dem Wege der asiatischen Anregungen sehr wohl ein Weg zu neuem Vernehmen des Wortes Gottes sein. Es sollte allerdings angesichts der Ambivalenz der „Leere" einer, der meint, über die asiatische Meditation führen zu sollen und zu dürfen, selbst ein im christlichen Glauben festverankerter Mensch sein. Denn wie keiner, der nicht auf dem Zen-Weg erfahren ist, einen anderen auf diesem Weg führen kann, so kann auch niemand, der nicht selbst auf dem Wege der Nachfolge Christi geht, andere überzeugend auf diesen Weg rufen.

3. Meditation ohne Gegenstand und Meditation im Gegenüber zu Jesus Christus, anders gesagt: Zen und christlicher Glaube scheinen sich nun allerdings in dem Sinne auszuschließen, als der christliche Glaube sein Gegenüber, damit seinen dialogisch-responsorischen Charakter nicht verlieren kann, im wahren Zen aber verlieren müßte. An dieser Stelle wäre in der Tat der Asiat, der so sehr auf der Erfahrung der Nicht-Dualität insistiert, in jenen Dialog hineinzurufen, der ihm jene Kommunikationsfähigkeit erhält, der er in seiner strengen Betonung der Nicht-Dua-

lität verlustig zu gehen scheint. Er muß dabei zur Kenntnis nehmen, daß er dort kommunikationsunfähig wird, wo er das, was er als Nicht-Dualität, als Überwindung der Subjekt-Objekt-Relation oder ähnlich beschreibt, in einer Weise interpretiert, daß der Primat des Lassens über allem Tun durch eine letzte, nicht aufgegebene Eigenmächtigkeit in Frage gestellt bleibt. Er kommt nicht umhin, jene Offenheit und Weite des Horizonts wiederzugewinnen, in dem das, dem der Mensch sich – sich selbst verlierend – anvertraut, jene Gestalt gewinnen kann, die die Christen im Blick auf Jesus Christus „Gott“ nennen. In diesem Sinne kann die christliche Existenz in ihrer unaufhebbaren Bindung an die Gestalt Jesu Christi als der Gestalt radikaler Selbstentäußerung und Selbstlosigkeit Gottes für den Buddhisten umgekehrt der Stachel sein, der ihn antreibt, sich am Ende nicht in einer vermeintlich vollkommenen, letztlich aber doch von ihm selbst gesteuerten Form von Selbstlosigkeit festzusetzen, sondern sich in Selbstlosigkeit so konsequent offen zu halten, daß am Ende die Nicht-selbst-Bestimmtheit zugleich jene große Offenheit und Freiheit ist, die den Menschen in seiner Entmachtung in seine wahre Mächtigkeit, in seiner Selbstlosigkeit in sein wahres Selbst, das aber vom Verständnis der Eigenmächtigkeit her zugleich ein Nicht-Selbst ist, einweist.

Aus: H. Waldenfels, Kontextuelle Fundamentaltheologie, Paderborn ^{2}1988; Faszination des Buddhismus, Mainz 1982.

Franz Kamphaus

Grundwerte und Politik[1]

1. Zwischen Resignation und Hoffnung

Freiheit, Gerechtigkeit, Solidarität – das sind die Leitworte Ihres Godesberger Programms. Sie knüpfen damit an die Französische Revolution an: Freiheit, Gleichheit, Brüderlichkeit – Kernworte unserer neuzeitlichen Geschichte, die manches angestoßen und manchen Anstoß erregt haben. Sie stehen für Aufklärung, Fortschritt und Entwicklung. Für welche Entwicklung? Auch für Fehlentwicklungen? Die „Dialektik der Aufklärung" ist längst erkannt: die Gefahr, daß unsere Gesellschaft im Zuge der Aufklärung schließlich ihre eigenen Grundlagen zerfrißt.

Karl Marx hat gemeint, die Revolutionen seien die Lokomotiven der Weltgeschichte. Walter Benjamin hat das auf seine eher nachdenkliche Weise kritisch kommentiert: „Vielleicht ist dem ganz anders. Vielleicht sind Revolutionen der Griff des in diesem Zuge reisenden Menschengeschlechts nach der Notbremse." Revolution also nicht als kämpferisches Anspitzen des Fortschrittstempos, sondern als Widerstand gegen solche Raserei. Denn wer weiß, wohin der Zug fährt? Der Blick in den Abgrund ist längst möglich.

Nachdenkliches Innehalten ist gerade im Hinblick auf die Entwicklungspolitik geboten. Jeder weiß, daß sie über

1 Dialog zwischen der Gemeinsamen Konferenz „Kirche und Entwicklung" und SPD im Erich-Ollenhauer-Haus in Bonn am 13. 3. 1986

parteipolitische Auseinandersetzungen hinaus in eine Krise geraten ist. Vor gut 25 Jahren haben die Vereinten Nationen die erste Entwicklungsdekade proklamiert, voller Optimismus und Fortschrittsgläubigkeit. Damals dachte man: Wir werden das schon machen, wir werden die Welt entwickeln. Der Zauber der Machbarkeit ist verflogen. Wer blickt noch durch und sieht Licht, wenn er „Entwicklungshilfe" hört; viele sehen schwarz. Entwikkeln wir Fehlentwicklungen? Ist unsere Hilfe tödlich?
Wenn sich die Kirchen in dieser Situation zu Wort melden, dann nicht, um lauthals zu verkünden: „Wir haben's ja immer gesagt." Wir selbst sind – das wissen wir – vor Fehlentwicklungen nicht sicher. Aber wir haben Erfahrungen und Überzeugungen in Sachen Entwicklungsarbeit, die wir mitteilen möchten. In keiner Epoche unserer Geschichte ist uns unser Name „Weltkirche" so zur erfahrenen Wirklichkeit geworden wie heute. Unsere armen und unterdrückten Schwestern und Brüder bedrängen uns, ihre Sache zu vertreten.

2. Von der Armut zu den Armen

„Entwicklungspolitik gegen die Armut" heißt bei uns, von der lateinamerikanischen Kirche formuliert, „Option für die Armen". Das ist ein Unterschied. Es geht in der Entwicklungspolitik nicht in erster Linie um Objekte, über die verhandelt wird; es geht um Subjekte, um Arme und Armgemachte. Sie haben ein Gesicht. Sie sind wer. Konkrete Menschen leiden unter ungerechten Situationen, und konkrete Menschen verdienen daran. Das wird hinter Statistiken, Analysen und Entwicklungsplänen allzu leicht vergessen...
Wen meinen wir, wenn wir sagen: „Die Entwicklungsländer müssen beteiligt werden am Welthandel. Ihre Export-

kraft muß gesteigert werden!“ Meinen wir vorrangig den Wirtschaftspartner oder die dort herrschenden Machteliten, oder meinen wir vorrangig z. B. die 85 % Äthiopier, die heute noch Analphabeten sind? Wen meinen wir, wenn wir von Verschuldung sprechen? Meinen wir vorrangig die Interessen der Gläubiger, oder z. B. die der Bolivianer, deren Zinn-Markt zusammengebrochen ist und denen schließlich nur noch der Kokain-Handel übrigbleibt?
Entwicklungspolitik gegen die Armut setzt voraus, daß wir die Armen tatsächlich meinen und eine Option für sie getroffen haben, daß wir sie kennen und zum Maßstab unseres Handelns machen. Entwicklungspolitik gegen die Armut erfordert nicht nur Experten für bestimmte Projekte, sondern vorrangig Experten im Interesse der Armen. Aus der Begegnung mit ihnen, die uns dann auch selbst verändert, erwachsen die Perspektiven für eine gemeinsame Zukunft. Solche Hilfe ist nicht tödlich, sie dient dem Leben.
Die Armen zu sehen macht nicht blind für die Strukturen. Es ist nicht damit getan, die Wunden derer zu verbinden, die unter die Räuber gefallen sind. Die Option für die Armen verpflichtet uns, auch die Strukturen der Räuberei aufzudecken und zu verändern, sie wenn möglich zu verhindern.

Die Armen haben selbst den Schlüssel zur Lösung ihrer Lebensprobleme in der Hand. Es kommt darauf an, daß sie ihre eigenen Kräfte entfalten können. *Sie* entwickeln sich, nicht wir entwickeln sie. Fremdhilfe, auf Dauer gestellt, lähmt die Eigeninitiative. Wir dürfen die Armen nicht als Patienten behandeln, die ständig am Tropf hängen und scheinbar nur so überleben können. Sie müssen „Subjekt ihrer eigenen Geschichte“ werden. Das gilt auch und gerade für die Frauen, deren Rolle im Prozeß der Entwicklung noch viel zu wenig bedacht ist.

Selbsthilfe als offener Lernprozeß reicht weit über rein ökonomische Entwicklungshilfe hinaus. Nicht technokratische Lösungsmodelle zeigen den Weg aus der Armut, sondern basisnahe Maßnahmen, die zur Eigeninitiative einladen. Entsprechende Ansätze in der deutschen Entwicklungspolitik sind nur zu begrüßen und zu fördern. *Für* die Armen etwas zu tun, ist wichtig. *Mit* ihnen zu handeln, ist wichtiger. Das ist der Weg von der Entwicklungshilfe zur Zusammenarbeit, zur Interaktion...
Es ist an der Zeit, aus den Erfahrungen der Sozialarbeit hierzulande für die Entwicklungsarbeit zu lernen und umgekehrt. Selbsthilfegruppen sollten mehr als bisher gefördert werden. In den Verhandlungen mit den Regierungen der Entwicklungsländer ist darauf hinzuwirken, daß Freiräume für die Bildung von Selbsthilfebewegungen, Genossenschaften, Gewerkschaften und anderen gesellschaftlichen Gruppen geschaffen werden.

Armut ist nicht auf rein wirtschaftliche Sachverhalte zu reduzieren und Entwicklung nicht auf Wohlstand. Ein Mehr an wirtschaftlicher Entwicklung beantwortet nicht die Frage nach dem Wohin. Es gibt eine bedenkenswerte Geschichte aus der indischen Weisheit: Ein Reiter jagt in gestrecktem Galopp über die Landstraße. Ein Bauer ist auf dem Feld bei seiner Arbeit. Er richtet sich auf und ruft: „He, Reiter, wohin?" Der Reiter wendet sich zurück: „Frag nicht mich, frag das Pferd!" – Ein gespenstisches Bild: der Reiter – in rasendem Tempo – ohne Ziel. Sind die naturwüchsigen Kräfte, von denen wir uns treiben lassen, ist der sogenannte Fortschritt selbst das Ziel?
Er hat uns eine Fülle von Mitteln gebracht (die werden wir nicht verteufeln). Aber in der Frage nach dem Ziel sind wir ungewisser denn je. Wenn die Mittel sich verselbständigen und zum Ziel werden, wenn die Lebens-*Mittel* zum Lebens-*Ziel* werden, dann ist auf einmal der Teufel los. Dann

ist im Nu der Mensch selbst, der der „Zweck an sich" sein soll (Kant), zum Mittel geworden. Dann wird schließlich sein Selbstwert an seinem Marktwert gemessen. Der nächste Schritt ist, daß der Stärkere dem Schwächeren dessen Marktwert diktiert. Hier liegt eine der Wurzeln der sogenannten strukturellen Gewalt: „Ich bin nur in dem Maße etwas, in dem du nichts bist. Um zu haben und zu sein, muß ich dir nehmen." Diese Logik der Machtsteigerung bei gleichzeitiger Ausbeutung und Unterdrückung des anderen – eine Zeitlang Motor des Fortschritts – ist heute zur Falle geworden.

Das zeigt gerade auch der Ost-West-Konflikt, in den wir verwickelt sind. Die notwendige Selbstbehauptung gegenüber einem totalitären System hat zu einer Konkurrenz geführt, die den Wettlauf um Wirtschaftswachstum, um technologischen Fortschritt, um Rüstungsvorteile vielfach an die Stelle der geistigen und politischen Auseinandersetzung hat treten lassen. Dieser Konflikt ist nicht selten zum Alibi geworden, die Verantwortung für die Armen zurückzustellen.

Die Alternative kann nur lauten – und dazu bietet der christliche Glaube Grund und Orientierung –: wechselseitige Solidarität. Dieses Wort erinnert die zum Objekt degradierten Opfer in Geschichte und Gegenwart und stiftet uns an, für ihre verratene Würde einzutreten. Die Logik solcher „Zivilisation der Liebe" (Papst Paul VI.) heißt: Meine Freiheit wächst, indem deine Freiheit wächst, indem ich zu deiner Befreiung beitrage. Dazu wissen wir uns als Christen befreit. Wer Gott anbetet, ist davor gefeit, endliche Größen oder sich selbst absolut zu setzen und davor in die Knie zu gehen. Die Herrschaft Gottes beendet die Herrschaft von Menschen über Menschen. Das ist die Wurzel einer recht verstandenen Theologie der Befreiung. Entwicklung wohin? Eine nüchterne Bestandsaufnahme in dieser Frage kann uns vor der Vorstellung bewahren, die Erste Welt sei die Spitze des Fortschrittszuges und es gehe im Grunde nur noch darum, die anderen Länder an diese Lokomotive anzukoppeln. Sind wir nicht dabei, Opfer eines Wachstums um des Wachstums willen zu werden? Spüren wir nicht die psychischen, moralischen, kulturell verheerenden Folgen eines ungezügelten quantitativen Wachstums? Haben wir noch die Kraft, „postmaterielle“ Entwicklungsziele zu formulieren und anzustreben? Wenn wir uns auf die Armen einlassen, stellen wir auf einmal fest: Wir können von ihnen lernen. Jedenfalls dürfen wir die Menschen der Dritten Welt nicht von den Wurzeln ihrer Tradition und Kultur abschneiden. Die Alternative zum kulturellen Kolonialismus (mit dem wir in unserer Kirche einige Erfahrung haben) heißt Inkulturation. Sie verschweigt den anderen Menschen in anderen Kulturen unsere Überzeugungen und Wertvorstellungen nicht, aber läßt sie die Ziele ihrer Entwicklung selber entdecken und festsetzen.

3. Entwicklung bei uns

Was heißt also Entwicklung? Wer muß entwickelt werden, wer muß sich entwickeln? Etwa nur die anderen? Nicht auch wir selbst? Das heißt aber: Alle großen sozialen ökonomischen und ökologischen Fragen müssen zugleich auch durch Veränderung bei uns selbst angegangen werden. Wir müssen anders leben, damit andere leben können. Wir müssen die Fähigkeit entwickeln, uns nicht nur mit unseren eigenen Augen zu sehen und einzuschätzen, sondern mit den Augen der Armen.

Entwicklungspolitik darf nicht zum Blinddarm der Wirtschaftspolitik degenerieren, erst recht nicht in einer Partei, die den Anspruch erhebt, wertorientiert zu sein. Entwicklungspolitik wächst aus den Fundamenten einer politischen Kultur. Sie ergibt sich – damit komme ich auf den Anfang zurück – aus den Grundwerten Ihres Programms: Freiheit, Gerechtigkeit, Solidarität. Diese Worte dürfen nicht mehr nur im Maßstab unseres Volkes ausgelegt werden. Nicht wir allein definieren ihre Zumutung, nicht wir allein bestimmen den Preis, den wir zu zahlen haben, wenn wir uns auf sie berufen. Er ist vom Anspruch dieser Grundwerte und von der Herausforderung der Situation her vorgegeben. Die alte soziale Frage, an der Ihre Partei intensiv gearbeitet hat, wird abgelöst durch die „neue soziale Frage" unseres Jahrhunderts, die mit dem Wort „Entwicklungspolitik" angezeigt ist. Freiheit, Gerechtigkeit, Solidarität sind im Weltmaßstab auszulegen.

a. Freiheit. Sie darf nicht zur Freiheit nur des einzelnen verkürzt werden. Das Wort von der Selbstverwirklichung kann in diesem Sinne privatistisch-spießbürgerlich mißverstanden werden. Freiheit will in ihrer solidarischen Weite verstanden sein. Damit ist nicht einer totalitären Negation des einzelnen das Wort geredet, sondern eine Individualität gemeint, die sich nicht mehr gegen andere, Schwächere, „Unterentwickelte" durchsetzen will, sondern mit ihnen gemeinsam diese Freiheit gestaltet. Von Freiheit abstrakt reden, tun alle. Aber Freiheit ist konkret und meint vor allem auch Befreiung derer, die in ihrer Würde beschädigt und der Freiheit am meisten bedürftig sind.

Gerade so könnte sich Freiheit neu entwickeln in einer Gesellschaft, in der Haben mehr gilt als Sein, in der das Besitzstreben dominiert und Menschen nicht nur zu Besitzenden macht, sondern oft genug zu Besessenen, also zu Abhängigen, Unfreien.

b. Gerechtigkeit. Mit zunehmender Deutlichkeit erfahren wir heute, daß die Grenzen der wirtschaftlichen Expansion, die Grenzen des Energieverbrauchs eine wirtschaftliche Entwicklung aller Länder auf jenes Niveau, das wir gegenwärtig haben und genießen, nicht zulassen. Was heißt Gerechtigkeit (und Gleichheit), wenn es unmöglich ist, daß alle Menschen unser „Niveau" erreichen? Ferner: Ist das gerecht, wenn sich inzwischen die Finanzströme zwischen Industrie- und Entwicklungsländern umgekehrt haben, so daß heute die Entwicklungsländer insgesamt mehr an die Industrieländer zurückzahlen, als sie an neuen Krediten bekommen? Das ist Schrägverteilung im Weltmaßstab. Das ist alte und neue Armut. Wie können wir den Entwicklungsländern gerecht werden? Diese Frage stellt sich auch den Gewerkschaften. Wenn wir uns in den Entwicklungsfragen so engagieren würden wie in den Verteilungskämpfen im eigenen Land, wären wir in Sachen Gerechtigkeit ein Stück weiter. Gerechtigkeit meint anderes als Almosen. Der Unterschied ist folgenreich. Wer freigebig an die Armen Brot austeilt, gilt als Heiliger. Wer sagt, daß der Arme ein Recht auf Brot hat, gilt als gefährlich. Dieser Gefahr kann niemand entgehen, der sich der Gerechtigkeit verpflichtet weiß... Gerechtigkeit heißt auch Gericht, für den Christen Gottes Gericht.

c. Solidarität. Wir können unsere eigene Identität nicht mehr gegen andere, Schwächere, nicht mehr gegen die Armen und Unterdrückten finden und verwirklichen, sondern nur solidarisch mit ihnen. Wir können auch unsere gesellschaftliche und nationale Identität nicht mehr ohne Rücksicht auf die Völker der Dritten Welt definieren, sondern nur solidarisch mit ihnen. Wir müssen lernen, unsere Interessen in Übereinstimmung mit denen der Dritte-Welt-Länder zu definieren. „Gemeinsam das Überleben sichern!“ Unsere Verantwortung endet nicht an den Grenzen des eigenen Landes, und nicht an den Parteigrenzen. Der Grundkonsens aller Parteien des Bundestages im Blick auf die Armen ist ein Hoffnungszeichen und verdient Stärkung…

Es ist nur allzu menschlich zu sagen: „Jeder ist sich selbst der Nächste.“ Besonders solidarisch ist das nicht. Woher nehmen wir die Kraft, um über das „Jeder ist sich selbst der Nächste“ hinauszukommen? Woher nehmen wir die moralischen Ressourcen für den ersten Schritt? Für das Bestehen der Niederlagen und Enttäuschungen, der Resignation? Hier sehen wir uns als Christen und Kirche gefordert. Christen sehen in Gott den Grund und Garanten der Solidarität. Das schenkt ihnen die revolutionäre Geduld und den langen Atem im Bemühen um Verwirklichung von Solidarität, allen Widerständen und Enttäuschungen zum Trotz. Die Dritte Welt ist unausweichlich in unsere eigene soziale, ökonomische und politische Situation eingerückt, so wie die ausländischen Mitbürger und Asylanten zu uns gehören. Wer den Frieden will, hat von dieser Tatsache auszugehen. Sie verbietet jeden Provinzialismus, auch jeden Eurozentrismus. Sie verbietet die Vorstellung, die Gegensätze zwischen den armen Ländern und uns seien durch ein sanft gleitendes, von uns ferngesteuertes Entwicklungskonzept für die anderen zu überbrücken, das uns unberührt läßt. Nein, bei uns selbst muß es zu einschneidenden Veränderungen kommen. Dieser Aufgabe haben wir uns auch dann zu stellen, wenn wir damit wenig Beifall ernten.

Entwicklungspolitik gegen die Armut, Entwicklungspolitik für die Armen ist mehr als ein Anhängsel der Wirtschaftspolitik. Sie verdient ihren Namen nur, wenn sie vom Rand in die Mitte der Politik gerückt wird und sich von den Grundwerten unserer Gesellschaft bewegen läßt. Und umgekehrt werden diese Grundwerte nur dann nicht in den engen Grenzen unseres kleinkarierten Eigennutzes austrocknen und verkommen, wenn sie auch die Ärmsten erreichen. Freiheit, Gerechtigkeit, Solidarität – im Weltmaßstab.

Aus: F. Kamphaus, Der Preis der Freiheit. Anstöße zur gesellschaftlichen Verantwortung der Christen, Mainz 1987.

Walter Kasper

Die Frage nach dem Heil in einer geschichtlich gewordenen Welt

Die Geschichte ist ein Wechselprozeß zwischen Subjekt und Objekt, ein Vermittlungsgeschehen von Welt und Mensch, in dem die Welt den Menschen bestimmt und der Mensch die Welt.[1]

Die Frage ist also, wie läßt sich innerhalb eines solchen geschichtlichen Denkens noch von Gott und von etwas Absolutem sprechen? Wenn die Wirklichkeit als Wechselprozeß bestimmt wird, dann ist alles in Bewegung. Es gibt scheinbar nichts Festes mehr, es verflüssigt und relativiert sich alles und jedes. Ist also die Annahme eines Absoluten in der Geschichte nicht in sich widersprüchlich? Läßt sich also die christliche Hoffnung innerhalb eines geschichtlichen Denkens noch verantworten? Wir versuchen auf diese Fragen unter drei Gesichtspunkten zu antworten…

1. Geschichte ist als Wechselverhältnis von Mensch und Welt geprägt von der Dialektik von Macht und Ohnmacht.[2] Auf der einen Seite überschreitet der Mensch aufgrund seiner Freiheit alles, was ist. Er lebt in Wunschträumen und Wunschbildern des gelungenen Seins; er versucht eine neue, bessere Ordnung zu schaffen in Kul-

1 Dieser dialektische Wirklichkeitsbegriff wird besonders herausgestellt von W. Schulz, Philosophie in der veränderten Welt, Pfullingen 1972, 10, 143f, 470 bis 472, 602–609, 841–854.

2 Vgl. zum Folgenden R. Spaemann, Gesichtspunkte der Philosophie, in: H. J. Schultz (Hg.), Wer ist das eigentlich – Gott?, München 1969, 56–65; ders., Die Frage nach der Bedeutung des Wortes „Gott“, in: Internationale katholische Zeitschrift 1 (1972), 54–72.

tur, Politik, Kunst, Religion. Er überschreitet alles Faktische und fragt nach dem Sinn des Seins, nach dem Einen und Ganzen der Wirklichkeit. Alles Endliche kann er als Endliches nur erkennen im Vorgriff auf einen unendlichen Horizont; das einzelne Seiende begreift er als solches nur im Vorgriff auf Sein überhaupt. Dieser Vorgriff, den er in jedem Akt des Erkennens implizit vollzieht, gibt ihm Distanz vom jeweils Seienden und gibt den Raum frei für Freiheit, Entscheidung, Wagnis. So ist der Mensch größer als die Wirklichkeit. Er hat gegenüber der Wirklichkeit je größere Möglichkeit, und dieses Mögliche ist der Spielraum seiner Freiheit. Auf der anderen Seite ist aber auch die Wirklichkeit größer als der Mensch. Der Mensch ist sich in seiner Freiheit je schon vorgegeben; er kann schon das pure Faktum seiner Existenz nicht ableiten. Das Staunen darüber, daß überhaupt etwas ist und nicht lieber nichts, ist die Urerfahrung philosophischen Denkens. Die Wirklichkeit ist damit dem Menschen unvordenklich voraus; sie ist letztlich unbegreifliches Geheimnis. So scheitert der Mensch immer wieder an der Wirklichkeit; dieses Scheitern erfährt im Tod seine letzte Zuspitzung. Der Leichnam des Menschen ist nur noch Wirklichkeit ohne jede Möglichkeit. So holt die Wirklichkeit am Ende den Menschen wieder ein. Die Wirklichkeit umgreift den Menschen; sie ist größer als der Mensch...

Am Ende bleibt sich der Mensch eine offene Frage, auf die er keine Antwort weiß. So grenzt der Mensch an ein undurchdringliches Geheimnis, ja er ist sich selbst ein Geheimnis. Der Mensch erfährt Transzendenz als die konstitutive Nichteinholbarkeit seines Daseins in der Geschichte.

Die Frage ist also: Wie ist in dieser aporetischen geschichtlichen Situation Menschsein möglich? Behalten antike und moderne Tragik, antike und moderne Skepsis das letzte Wort? Ist der Mensch nur ein Fragment, ein Torso? Die Gegenfrage ist freilich: Könnte sich der Mensch jemals endgültig mit dieser Aporie abfinden? Ist ein trotziges Wagnis des Menschseins angesichts der Sinnlosigkeit der Wirklichkeit letztlich durchzuhalten? Wenn schon Prometheus als Symbol des Menschseins ausscheidet, kann dann Sisyphus das letzte Wort sein? Aber können wir die Geschichte konkret bestehen ohne Hoffnung auf Sinn in der Geschichte? Oder müßte mit dem Wegfall der Hoffnung auch alle sittliche Anstrengung des Menschen sinnlos werden? Übrig bliebe vielleicht ein „Als ob“, ein Handeln, als ob ein Sinn in der Geschichte gegeben wäre (W. Schulz). Die Frage ist freilich, ob sich damit das Leben und die Geschichte bestehen lassen.

Hier setzt ein Gedanke Kants ein[3], den später Fichte, Schelling und Hegel je auf ihre Weise weiter entfaltet haben. Die Freiheit des Menschen ist nach ihnen nur möglich, wenn in der Wirklichkeit insgesamt letztlich Freiheit waltet. Nur wenn die zunächst „tote“ Natur und die dem Menschen undurchdringliche und unbegreifliche Wirklichkeit insgesamt von Freiheit bestimmt, ein Raum und eine Welt der Freiheit ist, kann die menschliche Freiheit im letzten sinnvoll sein und kann das Menschsein glükken. Diese alles bestimmende Freiheit kann aber nicht die endliche Freiheit des Menschen sein. Es muß sich hier um eine unendliche Freiheit handeln, die über die Bedingungen der Wirklichkeit verfügt, die sich dem Menschen dauernd entziehen. Das heißt aber: Nur wenn Gott als die absolute schöpferische Freiheit ist, ist die Welt ein möglicher Raum der Freiheit für den Menschen. Kant nennt dies die Anschauung der Welt als Reich Gottes, in

3 Vgl. I. Kant, Kritik der praktischen Vernunft, A 223–237; in: WW IV, 254–264.

dem Natur und Freiheit miteinander versöhnt sind. Kant faßt dieses Reich Gottes freilich als moralisches und nicht als messianisches Reich.[4] Doch er weiß immerhin noch um die Unableitbarkeit und die Geheimnishaftigkeit der Freiheit. In dem Augenblick aber, wo die Unableitbarkeit der Freiheit ernst genommen wird, kann auch das Reich der Freiheit nicht als notwendiges Postulat der Freiheit deduziert werden. Das Reich der Freiheit ist dann selbst nur in und aus Freiheit möglich; es muß als geschichtlich unableitbare Größe entweder erhofft oder als Geschenk verstanden werden. Das Kommen des Reiches der Freiheit läßt sich nicht postulieren, man kann nur darum bitten: „Zu uns komme dein Reich". Die Freiheit Gottes erweist sich also – anders als der atheistische Humanismus meint – nicht als Grenze der menschlichen Freiheit, sondern als deren letzter Grund. Nicht daß Gott tot ist, sondern daß er ein lebendiger Gott der Geschichte ist, ist deshalb die Hoffnung des Menschen.

2. Die Dialektik von Macht und Ohnmacht in der Geschichte wird nochmals verschärft durch das Phänomen des Bösen. Das Böse ist ohne Zweifel eine empirisch erfahrbare Wirklichkeit in der Geschichte. Aber es ist zugleich ein undurchdringliches Geheimnis. Woher kommt das Böse? Weder die dualistischen noch die monistischen philosophischen Systeme haben darauf eine überzeugende Antwort. Wird die menschliche Natur oder die Geschichte als solche als radikal böse begriffen, dann ist die Sehnsucht nach dem Guten, das Leiden am Bösen nicht zu erklären. Ist aber die menschliche Natur aus sich gut, wie konnte es dann zu dieser Verkehrung kommen? Vorerst können wir auf diese schwierigen Fragen nur dies sagen:

4 Vgl. ders., Die Religion innerhalb der Grenzen der bloßen Vernunft, B 208, in: WW IV, 803.

Das Böse hat seine innere Möglichkeit in der eben beschriebenen Grundstruktur des Menschen und der Geschichte.[5] Die endliche Freiheit ist nur möglich in einem unendlichen Horizont. Sie ist nicht festgelegt, sondern befindet sich gleichsam in der Schwebe. Dies ist der Grund, weshalb sie sich in doppelter Weise verfehlen kann. Sie kann ihre Ohnmacht und ihre Endlichkeit verabsolutieren (acedia), bequem, träge, spießig, skeptisch, kleingläubig und kleinmütig werden; sie kann aber auch ihre Macht und ihre Dynamik auf das Unendliche verabsolutieren (superbia), hochmütig, stolz, vermessen werden. Beide Formen des Fehlverhaltens, Hochmut und Kleinmut, halten die für den Menschen konstitutive Spannung, die Mitte, die das Menschsein ausmacht, nicht aus. Das Böse läßt sich deshalb nicht einfach als Mangel an Sein, sondern eher als Verkehrung des Seins, als die Verkehrung des Sinns von Sein beschreiben. Das Böse ist entweder Verdemütigung oder „Vergewaltigung" des Menschen. Es bringt den Menschen in Widerspruch mit sich selbst. Insofern ist das Böse das absolut Sinnlose und Verkehrte...

Soll trotz der Macht des Bösen Hoffnung möglich sein und soll das Menschsein und die Geschichte dennoch glücken, dann ist dies nur aufgrund eines aus der Geschichte nicht ableitbaren, qualitativ neuen Anfangs möglich. M. Horkheimer spricht in diesem Zusammenhang von der „Sehnsucht nach dem ganz Anderen". Bei Th. W. Adorno heißt es: „Philosophie, wie sie im Angesicht der Verzweiflung einzig noch zu verantworten ist, wäre der Versuch, alle Dinge so zu betrachten, wie sie vom Standpunkt der Erlösung aus sich darstellten. Erkenntnis hat kein Licht, als das von der Erlösung her auf die Welt

5 Vgl. B. Welte, Über das Böse. Eine thomistische Untersuchung (QD, Bd. 6), Freiburg 1959.

scheint: alles andere erschöpft sich in der Nachkonstruktion und bleibt ein Stück Technik."[6]
Wenn immer der Mensch nicht am Sinn der Geschichte verzweifelt, sondern gegen alle Hoffnung auf einen Sinn seines Menschseins hofft, wird er getragen von einem Vorverständnis von Heil und Erlösung. Denn eine letzte Hoffnung ist in der Geschichte nur möglich aufgrund eines aus der Geschichte selbst unableitbaren, qualitativ neuen Anfangs. Ein solcher Neuanfang ist aber nichts anderes als die weltliche Außengestalt dessen, was die christliche Botschaft von Erlösung, Gnade und Heil meint.
3. Aus den beiden negativen Phänomenen der Endlichkeit und des Bösen ergab sich, daß die Geschichte aus sich ihre eigene Vollendung nicht erwirken kann. Sie ist sich am Ende eine offene Frage, auf die sie keine Antwort geben kann. Aber wer sagt, daß es überhaupt eine Antwort geben wird? Könnte es nicht ebenso sein, daß alles ins Leere und Sinnlose hinein mündet? Ist alles bisher über die Hoffnung Gesagte mehr als ein leeres Postulat? In der Tat wäre es so, wenn es nicht Zeichen erfüllter Hoffnung gäbe, Zeichen, die dann selbst wieder über sich hinausweisen und auf neue, größere Erfüllung hoffen lassen. Solche Zeichen vorläufiger und vorlaufender Erfüllung sahen schon die neutestamentlichen Schriftsteller und die Kirchenväter vor allem in den Weissagungen und Wundern des Alten Testaments, in anderer, wesentlich schwächerer und zweideutigerer Weise fanden sie fragmentarische Spuren des Logos, der in Jesus Christus in seiner Fülle erschienen ist, in der gesamten Religionsgeschichte, in den Philosophien und Kulturen der Menschheit. Auf diese Weise versuchten sie die gesamte Wirklichkeit auf Christus hin

6 Th. W. Adorno, Minima Moralia. Reflexionen aus dem beschädigten Leben (Bibliothek Suhrkamp 236), Frankfurt a. M. ^{3}1970, 333.

und von ihm her zu entschlüsseln. Erst so kann das Bekenntnis „Jesus ist der Christus" seine innere Plausibilität bekommen.
Die Frage ist, wie wir heute in einer evolutiven Weltordnung den eschatologischen Anspruch Jesu Christi „verständlich" machen können. Diesen Versuch hat vor allem Teilhard de Chardin unternommen. Er versucht eine große Linie von der Kosmogenese zur Anthropogenese bis zur Christogenese aufzuzeigen. Seine Theorie ist jedoch mit vielen naturwissenschaftlichen Fragen verbunden, in denen der Theologe nicht unmittelbar kompetent ist. K. Rahner hat deshalb mit einem ähnlichen Ergebnis eine mehr philosophisch-theologische Interpretation vorgelegt, die auch unabhängig von seinen transzendentalphilosophischen Voraussetzungen Gültigkeit besitzt. Rahner geht davon aus[7], daß zur Evolution gehört, daß jeweils aus Niedrigerem Höheres wird. Hier ereignet sich also nicht nur ein Anderswerden, sondern ein Mehr- und ein Neuwerden, das Erreichen einer größeren Seinsfülle. Dieses Mehr ist aber nicht bloße Hinzufügung zum Bisherigen. Es ist einerseits vom Bisherigen erwirkt, andererseits aber ein wirklicher Seinszuwachs. „Das aber besagt: Werden muß, soll es wirklich ernstgenommen werden, als wirkliche Selbsttranszendenz, Selbstüberbietung, aktive Einholung seiner Fülle durch das Leere begriffen werden."[8] Dieses Phänomen der Selbstüberbietung findet sich nicht nur an einzelnen Stellen des Evolutionsprozesses, etwa bei der Entstehung des ersten Menschen; es findet sich im Grunde bei der Entstehung jedes neuen Menschen. Im physiologisch-biologischen Akt der Zeugung entsteht

7 Vgl. K. Rahner, Die Christologie innerhalb einer evolutiven Weltanschauung, in: Schriften V, Einsiedeln 1962, 183–221; K. Rahner – P. Overhage, Das Problem der Hominisation. Über den biologischen Ursprung des Menschen (QD, Bd. 12/13), Freiburg 1961.
8 K. Rahner, Schriften V, 191.

etwas, was mehr ist als bloße physis und bloßer bios: eine Geistperson. Die Entstehung jedes neuen Menschen ist ein Wunder...

So ist die Welt für den, der Augen hat zu sehen, nicht nur voll von Hoffnungen, sondern auch voll von Erfüllungen. Überall, wo Neues wird und entsteht, zeigt sich etwas von Sinn und Erfüllung, die auf einen letzten Sinn hoffen lassen. Die Geschichte ist nicht nur bewegt von der Frage und von der Hoffnung nach Heil, es finden sich in ihr auch schon Zeichen des Heils, die die Hoffnung auf einen letzten Sinn und auf ein universales Heil in der Geschichte erst sinnvoll machen. Solche Zeichen des Heils finden sich überall, wo unableitbar Neues wird; wo neues Leben entsteht, da bricht Hoffnung auf. Ähnlich wie für Vergil in seiner vierten Ekloge ist auch für uns heute noch das Kind Zeichen und Symbol des Heils.

Dieser Aufweis wird freilich in dem Augenblick problematisch, in dem man einen großen teleologischen Evolutionsprozeß konstruiert, der – zwar nicht notwendig, aber doch offensichtlich auch nicht einfach zufällig – im Menschen und schließlich in Christus aufgipfelt. Hier trennen sich unsere Überlegungen von denen Teilhards und Rahners. Ein solches Eingepaßtsein der Christologie innerhalb einer evolutiven Weltordnung ist nicht nur theologisch bedenklich; es ist auch von den Phänomenen nicht gedeckt. Beobachten und beweisen lassen sich nur einzelne Schritte der Evolution, aber nie der Evolutionsprozeß als ganzer. Diese einzelnen Schritte haben immer etwas Tentatives, Spielerisches und oft geradezu Vergebliches an sich. Es gibt gar nicht den einen aufsteigenden Evolutionsprozeß. Es gibt Zeichen und Hinweise auf Sinn *in* der Welt; aber es gibt nicht Zeichen für einen Sinn *der* Welt und für einen umfassenden Sinnzusammenhang, der in Jesus Christus seinen krönenden Abschluß findet. Den Zeichen des Sinns und der Erfüllung stehen Zeichen des

Unsinns, der Nichterfüllung, des Vergeblichen, eines namenlosen Leidens in der Kreatur entgegen. Sind wir berechtigt, sie einfach als Abfall- und Nebenprodukte der Entwicklung hinzustellen? So können wir nicht einen Sinn der Wirklichkeit wissen, aber wir können begründetermaßen auf einen Sinn der Wirklichkeit hoffen. Wir können sogar noch weitergehen und sagen: Jesus Christus kann nur dann die Erfüllung aller Wirklichkeit sein, wenn er auch das Agonale der Wirklichkeit annimmt, und d. h., wenn er nicht einfach in eine reine, „über Leichen gehende" Aufstiegsgeschichte einzuordnen ist. Das Überzeugende an Jesus Christus ist, daß bei ihm beides, Größe und Elend des Menschen, auf eine unendliche Weise angenommen ist. In *diesem* Sinn ist Jesus Christus die Erfüllung der Geschichte.

Aus: W. Kasper, Jesus der Christus, Mainz 1974, [10]1986.

Gisbert Greshake

Zum christlichen Erlösungsverständnis

Der Begriff des Stellvertreters ist von dem des Ersatzmannes wohl zu unterscheiden.[1] Auch der Ersatzmann führt Aufgaben und Funktionen aus, die an sich dem Vertretenen zu tun zustünden. Doch geht es beim Ersatzmann um die Durchführung von Aufgaben und Funktionen, die diesen persönlich nicht zu betreffen brauchen. Entscheidend ist nur, daß die anfallende Arbeit von *irgend jemand* durchgeführt wird. Darum ist es im Grunde auch nicht von Bedeutung, *wer* der Ersatzmann *ist* und *was* er *tut*. So braucht es z. B. einen erkrankten Arbeiter nicht zu kümmern, wie es im Betrieb läuft, wenn er nur weiß: Es ist jemand da, der seinen Job übernimmt.

Demgegenüber vertritt der Stellvertreter wirklich den Vertretenen selbst. Da der Stellvertreter jene Stelle einnimmt, an der der Betreffende persönlich stehen sollte (es aber nicht vermag), ist sein Tun ein buchstäblich vor-läufiges Tun; er „läuft vor" und geht voraus, bricht die Bahn und ermöglicht dadurch, daß jener selbst die Stelle zu erreichen vermag, an der er stehen soll. Auf dieser Linie findet sich im Zweiten Kinderkanon der römisch-katholischen Liturgie die zutreffende Formulierung: „Er (Christus) nimmt uns mit auf den Weg zu Dir." Christus als Stellvertreter löst eine Bewegung aus, die uns seinen Weg mit- und nachgehen läßt.

Daß Jesus Stellvertreter und nicht Ersatzmann ist, wird sehr deutlich in 2 Kor 5,14ff zum Ausdruck gebracht.

1 Siehe dazu D. Sölle, Stellvertretung, Stuttgart – Berlin 1965.

Hier heißt es: „Die Liebe Christi drängt uns, da wir erkannt haben: Einer ist für alle gestorben, also sind alle gestorben. Er ist aber für alle gestorben, damit die Lebenden nicht mehr für sich leben, sondern für ihn, der für sie starb und auferstand." Paulus zieht bezeichnenderweise aus der zentralen Stellvertretungs-Aussage: „Einer ist für alle gestorben" nicht die Folgerung: „Also brauchen *wir* nicht mehr zu sterben!", sondern: „Also sind alle gestorben." Und dieser Satz wird damit erläutert, daß die Christen nicht mehr für sich selbst leben dürfen, sondern sich einbeziehen lassen sollen in die Todesgemeinschaft mit Christus: Es geht darum, daß die Glaubenden aufhören, in sich selbst verkrümmt ein Leben zu führen, welches im Grunde nur Tod ist, daß sie vielmehr für Christus leben, d.h. seinen Weg, den Weg der liebenden Hingabe bis in den Tod und in die Auferstehung hinein nachgehen sollen. Es gilt – kurz gesagt – dem durch Christus gebahnten Weg zu folgen, „in seine Fußstapfen zu treten" (1 Petr 2,21). Dieses Ein-Gehen auf den Weg des Stellvertreters, den er gebahnt hat, auf die Stelle hin, die er uns freihält, geschieht in der durch Jesus Christus ermöglichten Praxis von Glaube und Nachfolge. Darin erst erreicht die Erlösung ihr Ziel; sie kommt aus der Dimension einer bewußtseinsjenseitigen, nur „ontologischen" Wirklichkeit heraus und wird zur erfahrbaren Realität. Wo ein Mensch im Glauben sich der Liebe Gottes öffnet – und dies kann auch in außerchristlichen, ja außerreligiösen Formen und Vollzügen geschehen –, steigt Christus gleichsam in die Tiefe des menschlichen Bewußtseins hinein und berührt das Innerste des Menschen, um es sich anzugleichen (vgl. RH 8.10). Auf diesem Weg der Gleichgestaltung mit ihm erreichen wir die Stelle, an die er uns als Stellvertreter vorangegangen ist und die er uns gleichsam freigekämpft hat. So können wir uns durch Glaube und Nachfolge sein Tun zu eigen machen: leidendes Durchtragen des Bösen, ohne

neues Böses zu schaffen; ein freudiges Ja zur Communio mit Gott und untereinander.
Dadurch „ergänzen“ wir das, „was an den Leiden Christi noch fehlt für den Leib Christi, der die Kirche ist“ (Kol 1,24). Eine sehr mißverständliche Aussage, die der Erläuterung bedarf! „Wir ergänzen“, das heißt: Wir machen sein Tun dadurch „ganz“, daß wir es zur Auswirkung kommen lassen – bei uns *und* bei anderen. Denn aufgrund der Verbindung mit unseren Menschenbrüdern und -schwestern können wir selbst wiederum zu Stellvertretern für andere werden, die noch nicht im Prozeß des Glaubens und der Nachfolge stehen. „Was an den Leiden Christi noch fehlt.“ – „Fehlen“ nicht in dem Sinn, daß Christi Tun nicht ausreichte, sondern in dem Sinn, daß die Möglichkeiten (die „Potenzen“ und „Implikationen“), die im stellvertretenden Tun Christi eröffnet sind, so lange noch nicht ganz verwirklicht sind, als nicht alles Böse und Tödliche der Schöpfung real überwunden ist und alles Geschaffene in endgültiger Communio mit Gott und untereinander steht. Erst wenn Christus „alles unterworfen sein wird“, d. h., wenn alle Wege der Menschheit in ihm an ihr Ziel gekommen sind, „wird auch er, der Sohn, sich dem unterwerfen, der ihm alles unterworfen hat, damit Gott herrscht über alles und in allem“ (1 Kor 15,28). Erst dann ist das stellvertretende, vorläufige und vorweg-nehmende Tun Christi abgegolten. Bis dahin steht er stellvertretend für uns beim Vater ein und hat selbst seine letzte Vollendung noch nicht gefunden. Im paulinischen Bild von der Kirche als dem Leib Christi, das Origenes in diesem Zusammenhang aufgreift, gesprochen: So lange kann Christus als Haupt des Leibes sein Leben beim Vater „für keine volle Freude ansehen, als er noch immer Glieder seines Leibes entbehrt“, jene Glieder nämlich, die noch unterwegs sind, bedrängt vom Bösen und angefochten vom Leid dieser Welt. Christus selbst will – wie Origenes fort-

fährt – „nicht ohne dich seine volle Glorie empfangen, das heißt, nicht ohne sein Volk, das ‚sein Leib' ist und ‚seine Glieder'" (Hom. s. Lev. 7,2). Darum leidet er als „Haupt" in gewisser Weise noch mit den „Gliedern", die „in der großen Bedrängnis" sind, mit (vgl. Offb 7,14). Von hier aus erhält das Wort Pascals: „Jesus ist im Todeskampf bis zum Ende der Welt: Man darf während dieser Zeit nicht schlafen", seine Stimmigkeit und Verstehbarkeit.

Die Überzeugung vom stellvertretenden Sühnehandeln Jesu ist somit unlösbar mit der Aufforderung verbunden, sich das durch ihn ermöglichte Lebensmodell durch Glaube und Nachfolge buchstäblich *zu eigen* zu machen und seinen Weg nachzugehen. Damit vollziehen wir aber nicht nur seine stellvertretende Sühne, die Aufarbeitung des Bösen, nach, sondern führen auch die Schöpfung ihrer Bestimmung, dem verheißenen künftigen Heil, entgegen. Da aber das Böse, solange die Weltzeit dauert, stets neu die Schöpfung in seinen Bann zu ziehen sucht, ist auch in diesem Heilsprozeß auf Zukunft hin immer wieder das Moment der Sühne, d. h. das Durchleiden des Bösen – in aktivem und passivem Sinn! – mitzuvollziehen. Sühne im Hinblick auf von mir oder anderen angerichtete Schuld *und* Heilsprozeß auf Zukunft hin sind mithin faktisch miteinander verzahnt, so wie im Kreuz Jesu selbst zwei Aspekte ineinandergreifen: das Kreuz als „Sühnemittel" (Röm 3,25) *und* als Ort der neuen Schöpfung, an dem sich – in johanneischer Sicht – Auferstehung und Geistsendung ereignen. Entsprechend ist auch das Leben in Glaube und Nachfolge von beiden Faktoren geprägt: Aufarbeitung des Bösen und Weitertreiben der Schöpfung auf Gerechtigkeit, Liebe und Frieden hin. Indem wir *beides* nachvollziehen, findet die durch Christus erwirkte Erlösung im Raum der Welt Verwirklichung. Allerdings bleibt sie, bis Gott selbst sein Werk am Ende der Tage vollenden wird, etwas Anfanghaftes. Zwar ist durch den Erlöser Jesus

Christus die Schöpfung schon in ihre endgültige Bestimmung eingewiesen und ihr damit jene Zukunft eröffnet und zugesagt, aus der sie nie mehr herausfallen kann. Doch ist die Verwirklichung der Erlösung durch uns immer nur ein Vorschein des Kommenden. Im (biblischen) Bild gesprochen: Die Welt geht mit dem Geschenk der Erlösung schwanger, ja, sie liegt bereits in „Geburtswehen" (Röm 8,22; Offb 12,2). Doch ist noch nicht „heraus", was sie einmal sein wird (vgl. 1 Joh 3,2), wenn die Communio Gottes mit uns Menschen an ihr Ziel kommt. Bis dahin stellt uns die am Kreuz geschehene Erlösung auf den Weg des Glaubens und der Nachfolge, damit sie sich durch unser Mittun anfanghaft, zeichenhaft, vorscheinhaft in dieser Welt verwirkliche. Wie aber werden wir zu Glaube und Nachfolge befähigt?

Um das, was „Angebot der Liebe Gottes" bedeutet, angemessen zu verstehen, hat man sich daran zu erinnern, daß von Schöpfung her der Mensch auf die Communio mit Gott angelegt ist. Er ist – biblisch gesprochen – wie ein Gefäß, das dafür offen ist, allein vom Leben Gottes erfüllt zu werden, bzw. – philosophischer formuliert – er ist jene „Potenzialität", jene Möglichkeit, die nur in der Communio (mit Gott und der Menschen untereinander) ihre Aktualisierung findet. Wenn somit die Liebe Gottes „angeboten" wird und wenn darüber hinaus in Jesus Christus jenes Leitbild menschlichen Lebens aufstrahlt, das ganz und gar von der Bestimmung durch Gottes Communio geprägt ist, so trifft dieses „Angebot" auf innerste Entsprechungen im Menschen, es korrespondiert seinem verborgenen Sehnen und Hoffen, sozusagen den „schlummernden Möglichkeiten", die Gott von Schöpfung her in das Herz gesenkt hat. Es ist – um ein Bild zu gebrauchen – wie beim akustischen Phänomen der Resonanz: Ein Gegenstand beginnt mitzuschwingen, wo ihn ein Ton seiner Wellenlänge erreicht. So wird auch das menschliche Herz zum

Mitschwingen veranlaßt, wenn es von jener Liebe erreicht wird, auf die es von Natur her ab-„gestimmt“ ist; es wird *befähigt*, sich ihrem Angebot zu öffnen und sich aus dieser Zuwendung der Liebe in der Antwort der Gegenliebe, die sich in Glaube und Nachfolge manifestiert, neu zu bestimmen. Auf dieser Linie bemerkt schon der altchristliche Schriftsteller Pelagius: „Liebe ruft Liebe hervor“ (Exp. ad Rom. 5,5) und: „Wer vollkommen geliebt wird, gibt sich ganz dem Willen des Liebenden hin; nichts ist bestimmender und drängender als die Liebe“ (Exp. ad Col. 4).

Dieser Sachverhalt läßt sich auch phänomenologisch überprüfen. Wenn man nach den Faktoren fragt, die das Leben je verändert haben, so daß es neue Perspektiven empfing, eine neue Richtung nahm, menschlicher, erfüllter, liebevoller wurde, dann weiß wohl jeder von konkreten Erfahrungen zu berichten: von Begegnungen mit anderen Menschen, von Beeinflussungen durch Gemeinschaften (Erziehung, Familie, Freundschaft, Gemeinde), von Anerkennung und Vergebung, die einem zuteil wurden, von Worten, die ins Herz trafen. Im Zentrum solcher Erfahrungen stehen Liebe, die geschenkt, Anerkennung, die zugesprochen, Communio, die eröffnet wurde. Genau dies hat erfahrbar Befreiung aus Ichverfangenheit, tödlicher Isolierung und Perspektivenlosigkeit, aus dem Kreislauf von Angst, Selbstbehauptung und Verzweiflung ausgelöst. Darüber hinaus wachsen in der Liebe Fähigkeiten und Energien zu, die früher nicht da waren, Kräfte zum mutigen Handeln und zum geduldigen Durchhalten. Liebe bewirkt Freude und Freiheit, sie ermuntert zu Hoffnung, Wagnis, Zuversicht. „Die Liebe hofft alles, duldet alles“ (1 Kor 13,7). Wo also jemand geliebt und angenommen ist, wo er Anerkennung, Vertrauen und Vergebung erfährt, da vermag er sich auch von Grund auf zu ändern. Es ist die Liebe, die vom Liebenden auf den Geliebten gleichsam übergreift und die „große Verwandlung“ des Lebens bewirkt. Darum sehen Liebende die Welt mit neuen Augen, sie erfahren sich als „neu geboren“, als „neue Menschen“. Die Vorgabe der Liebe ist schöpferisch, sie macht den anderen liebenswert und gemeinschaftsfähig.

Was an diesen zwischenmenschlichen Erfahrungen ablesbar ist, kann ein schwaches Bild für das sein, was die in Jesus Christus endgültig offenbare Liebe Gottes und das in ihm aufleuchtende Leitbild wahren Menschseins vermögen. Dennoch ist der Hinweis auf die zwischenmenschliche Befreiungserfahrung der Liebe nicht ausreichend, um die Befähigung zur neuen erlösten Praxis vor Gott zu verstehen. Denn Gottes Liebe kann den Menschen, solange dieser in Welt und Zeit lebt, immer nur *zeichenhaft* erreichen, in geschöpflichen Vermittlungen, in Zeichen, die mit der bezeichneten Wirklichkeit nicht identisch sind und darum auch immer mehrdeutig und mißverstehbar bleiben. Ganz allgemein gilt ja, daß ein Zeichen das Bezeichnete zwar enthüllt und offenbart, daß es aber – wegen der Differenz zum Bezeichneten – zugleich verhüllt und deshalb in seiner Ambivalenz auch verschiedene Reaktionen hervorrufen kann.

Das gilt auch und im besonderen von der – unter den Bedingungen der Geschichte – nicht übertreffbaren Offenbarung Gottes in Jesus Christus. Zwar ist in ihm Gottes befreiende Liebe, vergebende Zuwendung und unrücknehmbarer Gemeinschaftswille enthüllt. Insofern aber Gott sich hier in einem Menschen (theologisch genauer: in der menschlichen Natur Jesu) offenbart, ist seine Selbstmitteilung zugleich auch verhüllt – man denke nur an das Paradoxon, daß Gottes Herrlichkeit gerade in der äußersten Erniedrigung des Gekreuzigten erscheint – und steht nur dem Wagnis des Glaubens offen. Ähnliches ist vom Leitbild wahren Menschseins zu sagen, das in Jesus Christus mit dem Anspruch universaler Geltung auftritt. Auch dieses Zeichen steht vielfachen Mißverständnissen offen, angefangen von der Infragestellung des *universalen* Anspruchs bis hin zur Uminterpretation Jesu auf eine „gesetzliche", d.h. durch Selbstleistung zu realisierende Normgestalt.

All diese und andere Vieldeutigkeiten und Verhüllungen verhindern, daß zwischen der Offenbarungsgestalt Jesu Christi und dem angesprochenen Menschen „von selbst" jenes „Resonanzgeschehen" entsteht, von dem bereits die Rede war. Zwischen den „äußeren" Zeichen der Erlösung und der „inneren" Entgegennahme von seiten des Menschen muß eine „Übereinkunft" hergestellt werden. Die inneren Augen und Ohren müssen geöffnet und das „Herz" des Menschen bewegt werden, auf daß er die Zeichen versteht und ihnen entsprechen kann. Diese „Übereinkunft" wird, wie die Heilige Schrift sagt, durch den Heiligen Geist gestiftet, der – anschaulich gesprochen – von innen her den Menschen zur Entgegennahme der befreienden Liebe Gottes ermächtigt, zur erlösten Praxis von Glaube und Nachfolge befähigt und zu einem communialen Leben antreibt. Damit zeigt sich, daß das Erlösungsgeschehen nicht Werk eines „einsamen", monarchischen, sondern des dreipersönlichen Gottes ist, der auf dreifach spezifische Weise dem Menschen Anteil an jener Gemeinschaft des Lebens gibt, die er selbst ist:

Der *Vater* ist Ursprung, Grund und Ziel aller Communio, er sendet den Sohn und den Heiligen Geist, um den verlorenen Menschen aufs neue in sein Leben einzubeziehen.

Jesus Christus offenbart als „Sohn" und „Wort" des Vaters endgültig und radikal die Liebe Gottes und spricht als unser „Bruder" und „Stellvertreter" sein (sühnendes) Ja für uns zum Vater. Dadurch knüpft er die Menschen unlöslich

zur Einheit mit Gott (und untereinander) zusammen und richtet das definitive Leitbild für wahrhaft gelingendes Menschsein auf. Seine Lebensgestalt: die unbedingte Verwirklichung communialen Daseins für Gott und den Nächsten soll all seinen Brüdern und Schwestern eingeprägt werden.
Der *Heilige Geist* erwirkt durch seine Gegenwart im Menschen jene innere Entsprechung und Befähigung (das „neue Herz"), welche die „äußere" Gestalt Christi und seine „äußere" Einladung zur Communio zur inneren Lebensform macht im Sinne des Paulus-Wortes: „Nicht mehr ich lebe, sondern Christus lebt in mir" (Gal 1,20). Der Geist drängt dazu, sich durch Glauben und Nachfolge den Weg Jesu zu eigen zu machen, Communio zu verwirklichen sowie auch unter Anfechtungen und Bedrängnissen in Geduld und Hoffnung die Vollendung der Erlösung zu erwarten.
So gesehen, verhalten sich das erlösende Wirken Christi und des Heiligen Geistes zueinander wie äußere Gestalt und inneres Leben. Beides ist unzertrennlich miteinander verbunden. Denn Gestalt ohne Leben wäre tot, Leben ohne Gestalt leerer Rausch. Darum will die Gestalt Christi durch das Wirken des Geistes Leben werden, das Leben des Geistes aber in der Prägung durch Christus Gestalt finden. Beides vollendet sich in der Communio mit dem Vater, „von dem alles seinen Ursprung hat und auf den hin wir leben" (1 Kor 8,6).
Das also ist das tiefste Wesen der Erlösung: Die Macht des Bösen, das die Gemeinschaft mit Gott und untereinander zerstört und in Isolierung und Angst, in Selbstbehauptungs- und Machtkämpfe, in Chaos und Verzweiflung stürzt, ist gebrochen; Sünde, Sinnleere und Tod sind umgriffen von der Liebe Gottes und damit von der Verheißung des Lebens. Gott ist mit uns eine neue und nie vergehende Communio eingegangen. So bin ich, so sind wir alle

unter allen Umständen geliebt und gehalten und dürfen einen Weg gehen, der all das, woraufhin die Schöpfung angelegt ist, zur seligen Erfüllung bringt.

Aus: G. Greshake, Erlöst in einer unerlösten Welt?, Mainz Topos 170, 1987.

Elisabeth Schüssler Fiorenza

Zu ihrem Gedächtnis ... Frühchristliche Frauengeschichte als Geschichte der Nachfolgegemeinschaft von Gleichgesinnten

Gleich von Anfang an sieht sich eine feministische Rekonstruktion frühchristlicher Ursprünge drei Problemen gegenüber. Erstens: Lassen sich zwei deutlich verschiedene Formen der frühchristlichen Bewegung entwerfen, oder sind diese zwei unterschiedlichen Richtungen lediglich Produkte unserer Literatur? Während die Evangelien Geschichten und Traditionen über Jesus überliefern, enthält die paulinische Literatur so gut wie keine Hinweise auf das Leben des Jesus von Nazareth, sondern stellt uns nur Informationen über die christlichen Missionsgemeinden und ihren Glauben zur Verfügung. Zweitens: Wie können wir die historisch-kritische Methode so anwenden, daß wir über die Evangelientexte hinaus zur historischen Wirklichkeit Jesu und seiner Bewegung gelangen? Und schließlich drittens: Wie können wir die Ursprünge der frühchristlichen Bewegung rekonstruieren, so daß wir die Geschichte christlicher Frauen zugleich als Geschichte *jüdischer* Frauen wiedergewinnen, da unsere Quellen eine Rückgewinnung unserer jüdisch-feministischen Wurzeln erschweren?

1. Wie bereits erwähnt, versuchen manche BibelwissenschaftlerInnen, den Unterschied zwischen der Jesusbewegung in Palästina und der christlichen Bewegung in den griechisch-römischen Städten – ausgehend von der literarischen Quellenbasis – als Unterschied zwischen Jesus und Paulus zu beschreiben.[1] Jesus habe das Kommen des Rei-

1 Vgl. Leander E. Keck, Ethos and Ethics in the New Testament, in:

ches Gottes in unmittelbar bevorstehender Zukunft gepredigt, Paulus dagegen das Christentum gegründet. Andere BibelwissenschaftlerInnen schlagen vor, bei der Suche nach dem charakteristischen Unterschied beider Bewegungen über die Texte hinauszugehen. Sie geben daher als entscheidenden Unterschied die Differenz zwischen jüdisch-palästinischer und griechisch-römischer Umwelt, ländlicher und städtischer Umwelt oder zwischen radikaler Nachfolge heimatloser WanderpredigerInnen und integrativem Liebespatriarchalismus an. Doch keine dieser Unterscheidungen – von denen jede jeweils andere Aspekte und Facetten des Problems beleuchtet – erfaßt das Problem adäquat.
Es stimmt, daß Jesus die Jesusbewegung in Palästina ins Leben gerufen hat, es stimmt jedoch nicht, daß Paulus Initiator der christlichen Missionsbewegung in der griechisch-römischen Welt war. Die Unterscheidung von jüdischer und hellenistischer Kultur, wie auch von ländlicher und städtischer Umwelt ist wichtig, doch zur Zeit Jesu war Palästina hellenisiert und war in der Diaspora die strikte Beachtung von Thora und Tempelkult verbreitete Praxis. Ferner sind die Jesustraditionen nicht auf das ländliche Palästina beschränkt, sondern haben auch in den städtischen christlichen Gemeinden gestaltenden Einfluß ausgeübt. Beide Bewegungen wurden von JüdInnen ins Leben gerufen und verbreitet, aber schon in einem sehr frühen Stadium machten sich ProselytInnen, Gottesfürchtige und HeidInnen die palästinischen Jesustraditionen zu eigen, um sie den Menschen ihrer eigenen kulturell-religiösen Welt zu verkünden.
Daher lassen sich die Differenzen zwischen beiden Bewe-

James Gaffney (Hg.), Essays on Morality and Ethics, New York 1980, 29–49. Keck benennt vier charakteristische Unterschiede zwischen Jesus und Paulus.

gungen und ihren historischen Gestalten nicht durch „Kontext“, „Hintergrund“ (jüdisch-palästinisch/jüdisch-hellenistisch oder ländlich/städtisch) oder „Inhalt“ (Jesus/Paulus), sondern nur durch ihre Funktion bestimmen. Die Jesusbewegung in Palästina war eine alternative prophetische Erneuerungsbewegung in Israel, die christliche Bewegung dagegen eine Missionsbewegung in der griechisch-römischen Welt, die eine alternative religiöse Vision predigte und einen gegenkulturellen Stil des Gemeindelebens praktizierte. Beide Bewegungen riefen Spannungen und Konflikte mit dem herrschenden kulturellen Ethos hervor. Aber während sich die Jesusbewegung gegenüber bestimmten Verhaltensweisen in Israel auf Israels Tradition als ihre eigene religiöse Tradition berufen konnte, brach die christliche Bewegung als neue religiöse Gruppe in das herrschende kulturell-religiöse Ethos der griechisch-römischen Welt als fremdes Element ein.

Während die Jesusbewegung sich nach Ostern in Galiläa und Jerusalem sammelte, um Jesu Dienst an der Erneuerung Israels fortzuführen, und nur ganz allmählich ihre Grenzen ausdehnte und nichtjüdische NachbarInnen einbezog, entstand die christliche Bewegung im syrischen Antiochia und scheint stark von der Vertreibung der sogenannten HellenistInnen aus der Heiligen Stadt bestimmt gewesen zu sein. Während die Jesusbewegung den Verarmten und Ausgestoßenen im eigenen Volk das Hereinbrechen des Reiches Gottes als frohe Botschaft verkündete, weitete die christliche Bewegung die inklusive Ausrichtung der Vision und Bewegung Jesu über die Angehörigen Israels hinaus auch auf die HeidInnen aus. So konstituierte sich die christliche Bewegung in dem Moment, als sie HeidInnen als gleichberechtigte Mitglieder in die Gemeinde aufnahm, ohne von ihnen zu verlangen, daß sie erst Mitglieder des jüdischen Bundesvolks wurden. Es war nicht in Galiläa und auch nicht in Jerusalem, sondern in Antiochia, wo „den JüngerInnen zum ersten Male der Name ChristInnen gegeben wurde“ (Apg 11,26): religiöse AnhängerInnen Christi. Dieser Vorgang der Namensgebung zeigt, daß die Jesusbewegung schon in einem sehr frühen Stadium als eigene religiöse Vereinigung und Gruppierung angesehen wurde.[2]

Als religiöse Missionsbewegung brach die christliche Bewegung in das herrschende patriarchale Ethos der römisch-hellenistischen Kultur und Religion ein, während die Jesusbewegung als alternative jüdische Erneuerungsbewegung in einem gespannten Verhältnis zum herrschenden patriarchalen Ethos ihrer eigenen Kultur stand. Beide Bewegungen wurden zuerst von gläubigen JüdInnen ins Leben gerufen und entfaltet. Segmente der Jesusbewegung beschränkten sich jedoch bald nicht mehr auf jüdische Mitglieder, sondern nahmen HeidInnen als Vollmitglieder auf, ohne von ihnen die Bekehrung zum Judentum zu verlangen. Als innerjüdische Erneuerungsbewegung konnte die Jesusbewegung ein gemeinsames kulturell-religiöses Milieu voraussetzen. Im Gegensatz dazu mußte die Missionsbewegung sich an Personen sehr verschiedener kultureller Erfahrung, nationaler Herkunft, sozialer Stellung und religiöser Überzeugung wenden. Die religiösen Nährböden beider Bewegungen unterschieden sich beträchtlich, ihr umfassender kultureller Nährboden dagegen war derselbe, da der kulturelle Horizont des palästinischen Judentums die römisch-hellenistische Kultur war.

Daher läßt sich die Differenz zwischen den beiden Bewegungen nicht auf Jesus und Paulus zurückführen, sondern nur auf die Entwicklung zweier deutlich verschiedener Gruppen, die unter verschiedenen Bedingungen lebten

2 Vgl. Martin Hengel, Zur urchristlichen Geschichtsschreibung, Stuttgart 1979, 87f.

und von unterschiedlichen Zielen angetrieben wurden. Folglich beriefen sie sich auf unterschiedliche religiös-politische Erfahrungen und auf unterschiedliche theologische Legitimationen. Beide Bewegungen waren inspiriert von Jesus, dem Christus, aber sie sahen ihn in völlig unterschiedlichem Licht. Die christliche Missionsbewegung hatte sich schon *vor* Paulus entwickelt, und Paulus schloß sich ihr an. Für uns ist er ihre bedeutendste Figur, weil seine Briefe nicht in Vergessenheit geraten sind, sondern überdauert haben. Doch Paulus ist weder Urheber noch einzige Führungsperson der christlichen Missionsbewegung.

Paulus im Kontext dieser Bewegung zu sehen[3], ist daher fruchtbarer, als die gesamte Geschichte der christlichen Mission vor und während der Wirksamkeit des Paulus ausschließlich als Geschichte seiner Führung und unbestrittenen Autorität zu konstruieren. Eine historische Rekonstruktion vom Standpunkt paulinischer Texte aus hat gewöhnlich andere christliche Gruppierungen und Visionen als „GegnerInnen" des Paulus verstanden, die damit als „heterodox", d.h. als theologisch oder historisch falsch beurteilt wurden, während Paulus als Repräsentant der „orthodoxen" apostolischen Position angesehen wurde. Einer solchen Konstruktion fehlt jedoch die geschichtliche Grundlage, da die Paulusbriefe deutlich zeigen, daß Paulus und seine Missionstätigkeit sehr umstritten und alles andere als von allen Teilen der frühchristlichen Bewegung anerkannt war. Überdies ist die Tatsache, daß Paulus sich nur selten auf Leben und Dienst Jesu bezieht und statt dessen Tod und Auferste-

3 Vgl. David L. Dungan, The Sayings of Jesus in the Churches of Paul, Philadelphia 1971. Der Buchtitel vermittelt dies besser als die Zusammenfassung des Autors, die die „Nähe des Paulus zu den synoptischen Traditionen" zu beweisen sucht (vgl. 139–150).

hung Christi, „des“ Kyrios, betont, kein Beweis dafür, daß die Jesustraditionen in den Gemeinden, an die er geschrieben hat, nicht lebendig gewesen wären. Die Sicht des Paulus im Kontext einer vor der „Bekehrung“ des Paulus ins Leben gerufenen christlichen Missionsbewegung erlaubt uns schließlich auch, diese Bewegung so zu begreifen, daß Frauen als Initiatorinnen und Leiterinnen der Bewegung in Erscheinung treten können – und nicht nur als vom großen Apostel huldvoll geduldete Gehilfinnen, die er für sein eigenes missionarisches Werk gebrauchte.

2. Die soziale Welt und die Vision der Jesusbewegung als innerjüdischer Erneuerungsbewegung spiegelt sich in den Berichten der Evangelien über Jesus von Nazareth wider. Diese Berichte waren einem theologischen Redaktionsprozeß ausgesetzt und verkörpern einen überaus langen Traditionsprozeß, der zum Teil erst in den christlichen Missionsgemeinden abgeschlossen wurde. Daher dürfen die Evangelien nicht als wirklichkeitsgetreue Nacherzählung des Lebens und Wirkens des historischen Jesus oder einfach als von ihrem historischen Kontext und ihrer sozialen Welt abstrahierbare Texte verstanden werden. Den neutestamentlichen AutorInnen ging es nicht um Konservierung und antiquarische Lektüre, sondern um Verkündigung und interpretierenden Glauben. Ihre Absicht war nicht, einfach niederzuschreiben, was Jesus gesagt und getan hat, sondern sie versuchten zu begreifen, was Jesus seinen ersten NachfolgerInnen bedeutet hat und welche Bedeutung sein Leben für ihre eigene Zeit und ihre eigenen Gemeinden hatte. Was wir also vom Überlieferungs- und Redaktionsprozeß lernen können, ist folgendes: Wir müssen Jesus – soweit wir noch etwas von ihm wissen – erinnern, diskutieren, interpretieren, annehmen oder zurückweisen, um zu verstehen, welche Bedeutung und welche Impulse von seinem Leben ausge-

hen. Die Evangelien konzentrieren sich auf Leben und Praxis Jesu, über Frauen sprechen sie nur am Rande. Immer wenn sie Frauen erwähnen, teilen sie ebensoviel über die Gemeinden mit, denen diese Geschichten oder Worte überliefert worden sind, wie über die historischen Frauen im Leben Jesu.

Die Evangelien sind also paradigmatische Erinnerungen, sie sind keine umfassenden Berichte über den historischen Jesus, sondern Ausdruck von Gemeinden und einzelnen Menschen, die zu formulieren versuchten, was die Bedeutung Jesu für ihre jeweilige Situation war.[4] Frühchristliche Theologie ist – wie jede spätere Theologie – der Prozeß interpretierender Erinnerung an Jesus, den Christus. Dieser Prozeß ist gleichzeitig kritische Aneignung der Erinnerungen und Erzählungen über Jesus, die in mündlicher oder schriftlicher Form in der christlichen Gemeinde zirkulierten. Christlich-feministische Theologie muß daher alle Erinnerungen jener Menschen, die sich im Verlauf der christlichen Geschichte auf die von Jesus ins Leben gerufene Nachfolgegemeinschaft von Gleichgestellten eingelassen haben und sich JüngerInnen Jesu genannt haben, kritisch im Kontext ihrer jeweiligen historischen und gesellschaftlichen Situation und Problematik verstehen.

Wenn wir uns aber den Impuls, der von Jesus und der frühchristlichen Glaubensperspektive des Neuen Testaments ausgeht, theologisch zu eigen machen wollen, dürfen wir es nicht bei dem Versuch belassen, diesen Impuls nur in seinem historischen, linguistischen und theologi-

4 Ausführliche Bibliographien finden sich bei C. E. Carlston, Form Criticism, NT, in: Interpreter's Dictionary of the Bible, Suppl. Bd., Nashville 1976, 345–348, und bei R. T. Fortna, Redaction Criticism, NT, in: a. a. O., 733–735. H. C. Kee, Jesus in History. An Approach to the Gospels, wird dort als eine unter vielen einführenden Untersuchungen zur Jesus-Erinnerung in den Evangelien angeführt.

schen Kontext zu verstehen, sondern müssen versuchen, in eine Auseinandersetzung mit seiner Perspektive, seiner Hoffnung und Weisheit einzutreten. Sich auf die von Jesus ins Leben gerufene Nachfolgegemeinschaft von Gleichgestellten einzulassen, bedeutet also nicht, Jesus oder die ChristInnen zur Zeit des Neuen Testaments nachzuahmen. Nachfolge Jesu ist niemals eine bloße Wiederholung oder Imitation, sondern eine verbindliche Übernahme frühchristlicher Glaubensperspektiven. Nachfolgen heißt nicht nur Jesu Vision zu teilen, sondern auch sich auf seine Parteilichkeit und Praxis, wie wir sie aus den Erinnerungen seiner ersten JüngerInnen kennen, zu verpflichten. Die Evangelien sind keine Tatsachenberichte, sondern Einladungen zur Nachfolge. Sie sind theologische „Interpretation im Prozeß“.
Dies Verständnis des Neuen Testaments hat wichtige methodologische Konsequenzen. Ziel ist weder, den „historischen Jesus“ aus den interpretierenden Erinnerungen seiner ersten NachfolgerInnen herauszudestillieren, noch deren Interpretation unkritisch und unhinterfragt zu übernehmen. Wenn ich hier von Jesus spreche, meine ich daher immer Leben und Dienst Jesu, soweit sie einer historisch-kritischen Lektüre der ältesten Interpretationen der ersten ChristInnen noch zugänglich sind. Als älteste Interpretationsschichten identifizierte die neutestamentliche Forschung die Logienquelle Q, die aus Textmaterial, das Matthäus und Lukas gemeinsam haben, rekonstruiert werden kann, Material, das Q vorausliegt, vormarkinisches Material, Material, das dem Sondergut des Lukas (SL) oder Matthäus (SM) zuzurechnen ist, und die ältesten Traditionsschichten, die sich im Vierten Evangelium finden. Obwohl diese Texte wahrscheinlich die ältesten, uns historisch überlieferten Informationen über Leben und Dienst Jesu und die Nachfolgegemeinschaft von Gleichgestellten sind, sind sie doch bereits in-

terpretierende und interpretierte Erinnerungen an Jesus. Als historische Sammlung der Erinnerungen an Jesus, die in den frühesten Gemeinden von JüngerInnen zirkulierten, bilden diese Texte den paradigmatischen Informations- und Interpretationsrahmen, in dem sich jede spätere Erinnerung, Diskussion, Aneignung und Neuformulierung von Leben und Dienst Jesu bewegt und auch bewegen muß.

Die Jesustraditionen der Evangelien wurden aber nicht nur von diesen ältesten christlichen Erinnerungen an Jesus und die Jesusbewegung in Palästina beeinflußt, sondern auch von den ältesten Verkündigungen der Auferstehung und des Todes Jesu, die sich in vorpaulinischen, paulinischen und nachpaulinischen Schriften finden. Diese späteren Traditionen zeigen nur sehr geringes Interesse daran, wie Jesus von Nazareth gelebt und gesprochen hat. Sie befassen sich vordringlich und beinahe ausschließlich mit seinem verklärten Zustand als auferstandener Christus und mit der Bedeutung seines Todes am Kreuz als punktuellem Ereignis in einem kosmischen Geschehen von mythologischen Dimensionen. In diesen christlichen Gemeinden ist die Erfahrung der Geistesmacht und der Auferstehung als Anbruch der neuen Schöpfung entscheidend[5] – weniger dagegen die Erinnerung an Jesus von Nazareth.

Das entscheidende Integrationssymbol ist für die Jesusbewegung in Palästina „Reich Gottes", für die christliche Bewegung in den griechisch-römischen Städten dagegen „die erneuerte Schöpfung". Beide Bewegungen stimmen jedoch darin überein, daß die durch diese beiden Symbole zum Ausdruck gebrachte Wirklichkeit hier und jetzt im

5 Vgl. David John Lull, The Spirit in Galatia. Paul's Interpretation of Pneuma as Divine Power, Chico, Calif. 1980, und die dort angeführte Literatur.

Wirken Jesu Christi und in seiner Nachfolgegemeinschaft von Gleichgestellten erfahren werden kann.[6]

Aus: E. Schüssler Fiorenza, Zu ihrem Gedächtnis... Eine feministisch-theologische Rekonstruktion der christlichen Ursprünge, München / Mainz 1988.

6 Zur Überschneidung von dem alle Frauen und Männer einbeziehenden Ethos Jesu und der paulinischen Rechtfertigungslehre vgl. Nil Alstrup Dahl, The Doctrine of Justification. Its Social Functions and Implications, in: ders., Studies in Paul. Theology for the Early Christian Mission, Minneapolis 1977, 95–120.

Medard Kehl

Über das Bittgebet und das Handeln Gottes in der Welt

„Alles, was zwei von euch auf Erden gemeinsam erbitten, werden sie von meinem himmlischen Vater erhalten. Denn wo zwei oder drei in meinem Namen versammelt sind, da bin ich mitten unter ihnen" (Mt 18,19ff).
Entspricht dieses Wort aber auch unserer eigenen Gebets-*erfahrung*? Wird uns beim Beten „im Namen" und „im Geist Jesu" die befreiende Zuwendung Gottes auch erfahrbar zuteil? Verhältnismäßig leicht mag es bei unserem normalen Dank- und Lobgebet sein: Hier können wir fast spontan die erfahrenen Wohltaten (z. B. die Freude am Leben, Gesundheit, mitmenschliche Liebe, Frieden, gelungene Pläne usw.) als deutliche Zeichen der Liebe Gottes annehmen und ihm für dieses Geschenk danken. Aber wie steht es in den entgegengesetzten Situationen (des Unglücks, der Krankheit, des Unfriedens, der Einsamkeit usw.), die wir keineswegs als „Gleichnis" der Zuwendung Gottes erleben, sondern eher als seine Abwesenheit?
Wir wollen hier besonders auf eine Schwierigkeit eingehen, die heute viele Menschen mit dem Beten haben: Was können wir – gerade beim *Bittgebet* – eigentlich von Gott erhoffen? Sicher *nicht*, daß er immer dann, wenn wir ihn brauchen, direkt „eingreift" und die Dinge spürbar zum Guten wendet. Das ist nicht die Art jenes Gottes, der sich uns in Jesus Christus geschenkt hat. Seine Selbstoffenbarung im Leben und Sterben dieses Menschen spricht eine andere Sprache. Da zeigt er sich nämlich als „dabeiseiende" Liebe, von der *alles* zu *jeder* Zeit getragen und beschützt wird. Deswegen ist das Sprechen von einem be-

sonderen „Eingreifen“ Gottes sehr mißverständlich; legt es doch die alte Zeus-Vorstellung nahe, als ob ein in sich ruhender Gott durch unser Gebet dazu bewegt werden könne, endlich einmal zu handeln und das Gute in unserer Welt herbeizuführen. Nein, Gott ist von der Schöpfung an immer schon am „Handeln“, um alles zum vollendeten Heil in seinem Reich zu führen. Und dieses Heil ist uns in Jesus Christus bereits vorweg zuteil geworden: „Gott hat seinen eigenen Sohn nicht verschont, sondern ihn für uns alle hingegeben – wie sollte er uns mit ihm nicht *alles* schenken?“ (Röm 8,32). Deswegen ist unser Gebet auch nicht das erste Wort, das wir von uns aus an einen schweigenden und wartenden Gott richten, sondern immer nur die Ant-wort auf das Wort Gottes, das er zu uns in seiner ganzen Schöpfung und zusammenfassend in Jesus Christus gesprochen hat und dauernd noch spricht. In diesem Wort hat Gott das tiefste Verlangen all unserer Gebete bereits erhört. Über diese in der ganzen Schöpfung und in ihrem Höhepunkt, eben in Jesus Christus, uns zugewandte Liebe Gottes hinaus gibt es keine „Steigerung“ seiner Zuwendung. So wird auch das seltsame Wort Jesu verständlich: „Alles, worum ihr betet und bittet – glaubt nur, daß ihr es schon erhalten *habt*, dann *wird* es euch zuteil“ (Mk 11,24).

Aber warum sollen wir dann überhaupt noch bitten, wenn Gott uns doch schon alles geschenkt hat und er dieses Geschenk uns unaufhörlich zukommen läßt? Wenn wir Gott doch nicht „umstimmen“ oder zu einem „stärkeren“ Einsatz seiner Liebe bewegen können, welchen Sinn hat dann das Bittgebet noch? Nun, auch wenn es dabei nicht um eine Veränderung Gottes und seiner Liebe zu uns geht, so ist unser Beten doch *bedeutsam* für Gott. Denn in *sein* liebendes Handeln in der Welt bezieht er *unser* Mit-Handeln (im Gebet und im Tun der Liebe) immer schon mit ein; nicht indem er es festlegt und vorherbestimmt (was

gegen die Liebe wäre!), sondern es ermöglicht und freigibt.
Das bedeutet: Seine uns stets zugewandte Liebe ermöglicht, daß wir uns ihr in Freiheit öffnen und aus ihr heraus wirklich menschlich leben und handeln. Im Gebet lassen wir uns von der Liebe Gottes aufschließen für ihr Ankommen bei uns; es ist gleichsam die zentrale „Einlaßstelle", in die Gottes Liebe in unser Leben gestaltend und verändernd einströmen kann. Nicht Gott verändert sich also durch unser Gebet, sondern unsere menschliche Situation verändert sich in ihrer „Durchlässigkeit" und „Plastizität" für Gottes Liebe! Insofern ist unser Handeln für Gott selbst bedeutsam: Es ist ihm nicht gleich-gültig, ob wir uns von ihm lieben lassen oder nicht, ob unsere Wirklichkeit von seiner Liebe und Gerechtigkeit durchstimmt wird oder nicht. Worin diese Bedeutsamkeit für Gott selbst im einzelnen besteht, können wir nicht sagen; sonst müßten wir einen positiven Einblick in die un-bedingte Liebe Gottes haben, müßten wir einen klaren „Begriff" von ihr haben, was uns aber grundsätzlich nicht möglich ist (s. o.).
Die Heilige Schrift spricht auf sehr bildhaft-gleichnishafte Weise von dieser Bedeutsamkeit unseres Betens und Handelns für Gott: „So wird auch im Himmel mehr Freude herrschen über einen einzigen Sünder, der umkehrt, als über neunundneunzig Gerechte, die es nicht nötig haben umzukehren" (Lk 15,7).
Wir können jetzt auf unsere Ausgangsfrage zurückkommen: Was können wir im Bittgebet von Gott erhoffen? Die in Jesus Christus gründende Hoffnung des Bittgebetes (und noch intensiver der Klage) richtet sich immer auf *zweierlei*:
Einmal (1) darauf, daß uns keine noch so schreckliche und tödliche Situation von der „dabeiseienden" Liebe Gottes trennen mag; d. h. daß kein noch so großer Schmerz im Leiden oder in der Schuld uns überwältigt und gegenüber

Gott und dem Nächsten verschließt; daß unser Vertrauen auf ihn und sein kommendes Reich niemals in ein unaufhebbares Mißtrauen umschlägt. Jede christliche Bitte im Un-*glück* zielt deswegen zuallererst daraufhin, daß dies mich oder den, für den ich bete, nicht zugleich auch ins Un-*heil* stürzt: eben in ein endgültiges Sich-selbst-Verschließen vor Gott, vor seiner Liebe und den menschlichen Vermittlungsweisen dieser Liebe. Die Heilige Schrift nennt dies den „ewigen Tod", das ewige Getrenntsein von Gottes Liebe (= „Hölle"). Wer bittet, vertraut darauf, daß sich auch in dieser Situation – oft gegen allen Anschein – die Macht der totenerweckenden Liebe Gottes erweist. Mag sich auch die un-glückliche Situation (z. B. einer ausweglosen Krankheit oder eines Krieges) nicht wenden, so hofft er doch zuversichtlich, daß auch dieses Unglück im Heil jener Liebe Gottes eingeborgen bleibt, die jeden Haß, jede Ungerechtigkeit und jeden Tod überwindet: eben in der Auferstehung von den Toten.
Damit verbindet sich beim Bittenden aber zugleich auch noch eine andere (2) Hoffnung: daß nämlich dieses Heil der Auferstehung bereits jetzt in erfahrbaren *Vor-zeichen* durchscheint. Genau in dieser Hoffnung hat Jesus am Ölberg gebetet: „Abba, Vater, alles ist dir möglich. Nimm diesen Kelch von mir! Aber nicht was ich will, sondern was du willst, soll geschehen" (Mk 14,36). Seine erste Bitte richtet sich auf das ganz konkrete und spürbare Abwenden der tödlichen Situation; aber in der zweiten Bitte relativiert er sie, indem er sie einschließt in die größere Bitte um das Geschehen des Willens Gottes, also um das letzte zum Heil-Kommen dieser Geschehnisse (auch wenn sie ihn in den Tod stürzen). Da, wo ein Mensch sein Bittgebet in diesen umgreifenden Horizont hineinstellt, da kann er zugleich mit vollem Recht darauf hoffen, daß auch die reale, von Un-glück geprägte Situation „durchlässig" wird für die heilende Macht der Liebe Gottes und somit sich

erfahrbar wandelt in eine Situation des Glücks (z. B. der Gesundheit, des Friedens, der Befreiung). Menschliches Glück ist zwar innerhalb der Geschichte keineswegs ein *notwendiges* Zeichen für Gottes Heil; auch der im Unglück zuversichtlich vertrauende Mensch steht im Heil. Aber dennoch ist das menschlich glückende und gelingende Leben ein *wesensgemäßes*, gleichsam „kongeniales" Zeichen des Heils, das Gott uns in seiner Liebe schenkt. Denn Gott „will nicht den Tod des Sünders, sondern daß er lebe".

Diesen heilenden Willen Gottes hat Jesus handgreiflich genug vorgelebt. Seine Krankenheilungen sind solche zutiefst „entsprechenden" Zeichen der endgültig heilenden, von aller Schuld, aller Blindheit, Taubheit und Lahmheit befreienden Liebe Gottes. Deswegen steht am Schluß solcher Heilungen auch häufig die Pointe: „Dein Glaube (an die Macht der Liebe Gottes) hat dich geheilt" (z. B. Mk 5,34; 10,52; Lk 7,50).

In solchen Situationen eines vorbehaltlosen Vertrauens kann auch die materielle Wirklichkeit (z. B. eines kranken Körpers) ganz und gar „zugänglich" werden für die heilende Liebe Gottes. Dann tritt das ein, was die Bibel „Wunder" nennt: das ungewöhnliche, zum Staunen und zum Lob Gottes anregende „Durchscheinen" der Liebe Gottes mitten in unsere Erfahrungswelt. Hier werden keine „Naturgesetze" außer Kraft gesetzt; hier greift Gott nicht plötzlich „direkt" und „korrigierend" in seine – etwas aus den Fugen geratene – Schöpfung ein. Nein, hier wird durch das Vertrauen auf ihn unsere Wirklichkeit so für seine stets „dabeiseiende" Liebe geöffnet, so „durchlässig", daß alle Bereiche, auch die materiell-körperlichen von ihr geheilt werden können: ein Vorzeichen der „versöhnten Schöpfung" des Reiches Gottes.

Gilt das aber auch da, wo jemand *für andere* bittet? Wo also Menschen um die Gesundheit eines kranken Kindes, um das Ende einer Hungersnot, um die Verhütung eines Krieges zu Gott beten? Für Jesus macht das offenbar keinen Unterschied. Er erweist die heilende Macht der Liebe Gottes auch an Angehörigen von solchen, deren Vertrauen ihn zum Heilen bewegt; dabei wird nichts über ein entsprechendes Vertrauen bei den Kranken selbst gesagt (z. B. die Erweckung der Tochter des Jairus Mk 5,36; die Heilung der Tochter der Syrophönizierin Mk 7,29; die Heilung des besessenen Jungen Mk 9,24; die Heilung des Dieners des Hauptmanns von Kafarnaum Lk 7,9). Auch das „stellvertretende" Vertrauen vermag also Situationen, die vom Un-glück geprägt sind, für die verwandelnde Kraft der Liebe Gottes „aufzuschließen". Dies ist deswegen möglich, weil im bittenden Gebet niemand als „Privatperson" allein vor Gott hintritt, sondern immer nur als „Bruder und Schwester" Jesu Christi und damit auch in der Geschwisterschaft mit allen Menschen, die durch Jesus zu „Söhnen und Töchtern" des gemeinsamen Vaters geworden sind. Wer „für" andere bittet, läßt sich hineinnehmen in das Dasein Jesu „für euch und für alle"; er nimmt teil an dessen heilender Solidarität mit allen Leidenden und Verlorenen. Deswegen ist mein fürbittendes Vertrauen immer auch schon „bedeutsam" für die anderen und ihr Heil; deswegen werde ich selbst immer schon mitgetragen von dem Vertrauen der anderen (ob ich darum weiß oder nicht). Die von Jesus gestiftete Solidarität aller Menschen auch in der Frage ihrer Beziehung zu Gott und ihres letzten Heil-werdens macht dieses Füreinander-Einstehen vor Gott möglich.

Wie dieses stellvertretende Vertrauen und das fürbittende Beten anderen Menschen oder bestimmten Ereignissen zugute kommen kann, zumal wenn es nicht den Weg über das gegenseitige Wissen darum und über die dadurch bewirkte „Bewußtseinsveränderung" nimmt, können wir nicht sagen. Wir stoßen hier wieder an die Grenze unseres

Begreifens dessen, was „unbedingte Liebe“ Gottes wirklich bedeutet. Weil wir uns keinen „Begriff“ davon machen können, lassen sich auch keine Folgerungen daraus ziehen, *wie* sich diese Liebe handelnd und heilend unter uns auswirkt; es genügt zu wissen, *daß* sie es tut. In der Sprache der Bibel wird der Sachverhalt mit *„Leib Christi“* beschrieben: Es ist jene solidarische Gemeinschaft der Glaubenden, die vom Geist des gekreuzigten und auferstandenen Christus zusammengefügt wird und in der deswegen alle Glieder mit-leiden, wenn eines leidet, und alle Glieder sich mit-freuen, wenn eines sich freut (vgl. 1 Kor 12,26).

Aus: M. Kehl, Hinführung zum christlichen Glauben, Mainz 1984, ^{2}1987.

Arno Schilson

Christliche Spiritualität im Zeichen der Mystagogie

Vieles in der Gegenwart deutet darauf hin, daß sich am Ende des 20. Jahrhunderts eine Zeiten- und Kulturenwende noch ungeahnten Ausmaßes abzeichnet. Zahlreiche Schlagworte und Buchtitel signalisieren diesen epochalen Umbruch und versuchen, ihn auf den Begriff zu bringen. So ist die Rede von Ende und Überwindung der Aufklärung; vor allem aber wird die Krise oder gar das „Elend der Aufklärung" beschworen. Der „Traum der Vernunft" scheint endgültig ausgeträumt, die „Zukunft der Aufklärung" unwiederbringlich Vergangenheit zu sein. Die „Postmoderne" folgt anderen Verheißungen und vor allem neuen Paradigmen. Demgemäß wird nicht nur stolz und selbstbewußt der Anbruch eines „Neuen Zeitalters", eines „New Age" verkündet. Ihm gesellen sich andere wichtige Momente zu, die dem Zeitgeist neues Profil geben: eine „neue Religiosität", eine ganzheitliche, kosmische Spiritualität, ein „neuer Irrationalismus", eine „Neomystik" und eine „Wiederkehr des Mythos".
Man mag diesen Schlagworten und den damit bezeichneten Zeitströmungen ablehnend oder auch kritisch gegenüberstehen – die darin angedeutete Zeitenwende läßt sich kaum übersehen oder bestreiten. Ihrer Herausforderung müssen sich vor allem jene Kräfte stellen, die bislang einen Anspruch auf geistige Führung erhoben haben und diesen auch in Zukunft behaupten wollen. Die „Zitterbewegungen des Zeitgeistes" treffen deshalb auch das Christentum und stellen unerbittlich die Frage nach seiner „Zukunftsfähigkeit" (vgl. Kaufmann/Metz). Die Antwort fällt nicht

leicht, zumal das wahre Gesicht einer neuen Zeit sich nur vage und undeutlich abzuzeichnen beginnt. Zumindest seine ungefähren Konturen sind rasch zu skizzieren.

1. Zeitenwende und neue Mystagogie

Im Vordergrund steht die weitgehend negative Einschätzung der Aufklärung, ein sichtliches Ermüden ihrer tragenden Impulse und Orientierungen. Erkennbar wird dies in einem weit verbreiteten, grundsätzlich gemeinten Mißtrauen in den Erfolg einer maßgeblich rational orientierten Bewältigung der Wirklichkeit. Demgegenüber gewinnen Gefühl und Intuition neue und beinahe ausschließliche Geltung. „Die Fähigkeit, sich in der Wirklichkeit zu orientieren, geht von der Rationalität auf ein übergreifendes Ahnen, Fühlen, Glauben, im besten Fall auf ein ‚vernetztes', ‚ganzheitliches' Denken über..." (Türk 1988a, 158). Analog dazu wird auch dem einzelnen Subjekt seine absolute Bedeutung abgesprochen. Immer mehr Zeitgenossen sehen das Ende einer Philosophie gekommen, „die vom erkennenden und moralischen Subjekt aus die Welt verstehen und bewältigen will" (ebd., 159). Das Ganze als trans-subjektive Größe dominiert über den einzelnen; der Mensch erscheint zurückgeschnitten auf sein Normalmaß, wenn nicht noch weniger.

Hatte sich mancher angesichts dieser doppelt-einen Abkehr von der Aufklärung eine neue Hinwendung zum kirchlich verfaßten Christentum erhofft, so ist eher das Gegenteil festzustellen. Es gibt eine noch immer wachsende Distanz zur Kirche und eine ständig geringere Akzeptanz, ja ein zunehmendes Desinteresse am kirchlichen Sinnangebot für ein umfassendes und erfülltes Menschsein. Was tatsächlich in der Gegenwart als neue Religiosität zu beobachten und anzusprechen ist, spielt sich weitgehend außerhalb des christlichen Bereiches ab. Dort allerdings artikuliert sich im „Unbehagen an der Modernität" (vgl. Berger/Berger/Kellner) schon seit längerem ein Wiedererwachen des religiösen Sinnes, das sorgfältige Beachtung verdient. Auch hier geht es um eine Bewältigung der Wirklichkeit und eine Selbstbehauptung des Individuums – nur trägt beides gänzlich andere Züge als in der Bewegung der Aufklärung. Der Geheimnischarakter der Wirklichkeit spielt im Bewußtsein der Gegenwart eine neue Rolle, ebenso die Überzeugung, daß Bewußtseinserweiterung nur durch Entgrenzung und Hingabe an ein größeres Ganzes zu erreichen ist. Unbewältigte (vielleicht sogar unbewältigbare) Fragen werden keinem Erklärungszwang mehr unterworfen, sondern betont irrational bewältigt. Dieser neue Irrationalismus bringt vor allem jene Momente des menschlichen Daseins und der Wirklichkeit überhaupt zur Geltung, die sich gegen eine restlose rationale Erhellung sperren und eher den Charakter des bleibend-unauflösbaren Geheimnisses, eines letzten, auch von der Vernunft anzuerkennenden Mysteriums haben. An die Stelle der aufklärerischen „funktionalen Rationalität" tritt nun ein „Neomystizismus" (ebd., 174f), der viele Gestalten kennt.

So versucht eine „neue Innerlichkeit", das Geheimnis des Daseins durch Rückzug ins Innere des Menschen, durch Meditation und Entdeckung der wahren irrationalen Kräfte des Selbst aufzudecken. Eine „neue Mythologie" macht es sich zur Aufgabe, die Botschaft der Mythen als Kunde von einem ganz anderen Gott, einer kosmischen Macht zu entschlüsseln und die davon geprägte Religiosität zu beerben. Zugleich feiert man den Anbruch eines „New Age", eines neuen Zeitalters, in dem das Einswerden mit den Kräften des Kosmos, das Sich-Einschwingen in den natürlichen Lebensrhythmus, das Nach-Fühlen der letzten Einheit von Geist und Materie, die Selbsttranszendenz, das Überschreiten der engen Grenzen des Ich-Bewußtseins und die Erweiterung des Ich durch Einfühlung ins All-Eins der Wirklichkeit höchstes Ziel und letzte Erfüllung bedeuten. Nicht der einzelne, sondern das Ganze als umgreifende, meist kosmisch vorgestellte Wirklichkeit steht hier im Vordergrund; dieses aber trägt göttliche bzw. religiöse Züge. Um sein wahres Selbst zu finden, muß der Mensch eintauchen in den ewigen Lebensstrom, muß er sich ergreifen lassen vom kosmischen Mysterium des Lebens, um in solchem Ergriffensein die Wahrheit seines Daseins zu erfahren und lebendig mitzuvollziehen.

Dieser vielschichtigen, neomystischen Bewegung der Gegenwart geht es demnach um „Mystagogie“ – um eine Einführung ins Mysterium des kosmischen Ganzen, um ein Mit-Erleben der tiefreichenden Ströme des Lebendigen, um ein Ergriffenwerden vom Geheimnis der Wirklichkeit, das die Grenzen der Vernunft sprengt und das Ich im All-Einen gründet. Deshalb werden hier kaum gelehrte Theorien verbreitet und theoretisch-abstrakte Überlegungen angestellt. Vielmehr kreist alles um die Einübung konkreter Praxis, um unverwechselbare Erfahrung als einzig mögliche Weise, das Geheimnis der Wirklichkeit zu „erkennen“ bzw. zu erfühlen. „Was wir jetzt brauchen, sind ‚Mysterienschulen‘, und dahin geht der Trend... Sinn und Ziel einer Mysterienschule ist die Erforschung und Erfahrung von Geburt und Tod, den Toren zwischen Diesseits und Jenseits. Der Eingeweihte ist über die Schwellen des gewöhnlichen Daseins gegangen und wieder zurückgekehrt“ (Magazin 2000, Nr. 6/1986, 4; zit. nach Hemminger, 85). So erst hat der einzelne seine wahre Identität, sein eigentliches Ich gewonnen – in unaussprechlichem, unmittelbarem, mystischem Erleben.

Der maßgeblich rational bestimmten Aufklärung wird als Charakteristikum einer neuen Religiosität demnach eine praktisch gemeinte, erfahrungsgesättigte Mystagogie entgegengesetzt. Dabei geht es nicht um eine bloße Theorie oder eine abstrakte Weltanschauung, sondern um einen praktisch verstandenen Heilsweg, der dem Menschen Befreiung zu wahrem Selbstsein, vollendete Selbstverwirklichung verspricht, sobald er sich durch entsprechende Praxis ins Mysterium des Daseins führen läßt. Mystagogie kann daher als immanente Programmatik dieser neuen religiösen Bewegung gelten, denn sie erscheint „als ein mystagogisches Projekt…, das in eine neue, beziehungsfähige, partnerschaftliche, vieldimensionale, ökologische Kultur für alle Menschen und alle Wirklichkeit einführen möchte" (Fuchs 1987 a, 828).

2. Die Herausforderung christlicher Spiritualität

Genau diese Wendung eines neuen, religiös geprägten Zeitalters bedeutet eine ernsthafte Herausforderung für das Christentum, zumal „die New-Age-Bewegung *das Ganze* christlicher Theologie, Spiritualität und Praxis herausfordert… Eine theologisch umfassende und differenzierte Auseinandersetzung ist ein Gebot der Stunde" (Fuchs 1987 b, 260).
Dies gilt um so mehr, als diese betont säkular und kosmisch sich gestaltende Religiosität offenkundig in Leerräume vorstößt, die durch Einseitigkeiten und Defizite christlicher Spiritualität und Theologie mitbedingt sind. Offenbar trauen viele Menschen in der Gegenwart dem Christentum nicht mehr die Kraft zu, durch Lehre und Glaubenspraxis zu einer erfüllenden und neuschaffenden Begegnung mit einem umfassenden Mysterium hinzuführen. Die Kompetenz spezifisch christlicher Mystagogie wird heute faktisch bezweifelt – und dies, obwohl die christliche Botschaft selbst sich in qualifiziertem Sinn als Mystagogie begreift und artikuliert. Sie versteht sich in

Theologie und Spiritualität als Wegweisung zur ganzheitlich gelebten Hingabe an das Mysterium des lebendigen Gottes und seiner Selbstmitteilung in Jesus Christus, als lebendige Erfahrung von „Gottes Weisheit im Mysterium" (1 Kor 2,7). Christliche Mystagogie als konkret gemeinte Spiritualität will anleiten zur Erfahrung des Mysteriums der Selbsthingabe Gottes an die Welt im kirchlich-liturgischen und alltäglich-diakonischen Handeln.

Daß diese ureigene mystagogische Prägung des christlichen Glaubens ziemlich gründlich in Vergessenheit geraten ist, macht die gegenwärtige Situation erst recht brisant. Esoterik, Neomystik und Okkultismus sind in die entstandenen Leerräume eingeströmt und haben die religiöse Sehnsucht der Menschen inzwischen auf ihre Weise erfüllt. Jede voreilige Vereinnahmung dieser Bewegungen neuer Religiosität seitens des Christentums verbietet sich zwar von selbst. Dennoch erscheint angesichts dieser besonderen Gemengelage des Zeitgeistes eine gründliche Selbstbesinnung im christlichen Bereich unerläßlich. Diese muß die Auswanderung bzw. überraschende Wiederbelebung einer ursprünglich christlich verankerten Mystagogie in einer reichlich diffusen und immer breiter ausfransenden Religiosität selbstkritisch wahrnehmen und als die eigentliche Herausforderung der Gegenwart begreifen. Notwendig ist dabei die Erinnerung an das reiche Erbe christlicher Spiritualität, die auf immer neue Weise die besondere mystagogische Qualität der christlichen Wahrheit zum Ausdruck gebracht hat. Erst auf dem Hintergrund dieser vielgestaltigen und perspektivenreichen Tradition wird klar, daß und wie sich auch im gegenwärtigen kulturellen Kontext christliche Spiritualität als zeitgemäße Mystagogie artikulieren und bewähren kann.

Um Vergegenwärtigung des Vergangenen und Vergessenen also geht es vor allem in der Auseinandersetzung

christlicher Spiritualität mit der Herausforderung neuer religiöser Zeitströmungen. Genau hier setzt der vorliegende Sammelband an und folgt den Spuren christlicher Mystagogie in der langen Geschichte des Christentums, um so die Gegenwart besser erfassen und die Aufgaben der Zukunft genauer bestimmen zu können. Die komplementäre Bemühung der zeitgenössischen Philosophiegeschichte um eine Aufarbeitung ihrer eigenen gnostisch-mystischen Tradition (vgl. Koslowski) bestätigt die Richtigkeit und Fruchtbarkeit dieser Retrospektive. Sie allein läßt die mystischen Dimensionen des Christentums und die eigenständige Bedeutung des Mysteriums in seinem Bereich wiederentdecken und eröffnet so zukunftsträchtige Perspektiven für eine Erneuerung christlicher Mystagogie. Dabei kann die Erinnerung an die wesentlich mystagogische Struktur christlicher Spiritualität zugleich den erkennbaren Defiziten einer oft abstrakt und blutleer geratenen Theologie begegnen, deren uneingestandener Rationalismus das Gespür für „Gottes Weisheit im Mysterium“ und dessen Lebensnähe verloren hat.
Die kritische Wahrnehmung der Gegenwart und der orientierende Blick in die Vergangenheit weisen letztlich in dieselbe Richtung: Will das Christentum dem epochalen Umbruch am Ende des 20. Jahrhunderts gerecht werden und vor den anstehenden Herausforderungen nicht einfach kapitulieren, bleibt eine neue, umfassende mystagogische Anstrengung unerläßlich. Allein auf diese Weise nämlich kann eine spezifisch christliche Spiritualität dem religiös suchenden Menschen dieser Zeit und ihren vielfältigen mystagogischen Tendenzen so weit als möglich entgegenkommen, ohne es dabei an der notwendigen Eindeutigkeit des Christlichen fehlen zu lassen.

Berger, P. L. / Berger, B. / Kellner, H., Das Unbehagen in der Modernität, Frankfurt–New York 1975.
Fuchs, G., Geheimnis des Glaubens – neues Bewußtsein. Christliche Mystagogie und New-Age-Spiritualität, in: Katechetische Blätter 112 (1987) 824–834 (zit.: 1987 a).
Ders., „Öko statt Ego". New-Age-Spiritualität und christlicher Glaube, in: Diakonia 18 (1987) 254–260 (zit.: 1987 b).
Hemminger, H. (Hg.), Die Rückkehr der Zauberer. New Age – Eine Kritik, Reinbek bei Hamburg 1987.
Kaufmann, F.-X. / Metz, J. B., Zukunftsfähigkeit. Suchbewegungen im Christentum, Freiburg-Basel-Wien 1987.
Koslowski, P. (Hg.), Gnosis und Mystik in der Geschichte der Philosophie, Zürich / München 1988
Türk, H. J., Zeitenwende in der Philosophie? Aufklärung, Postmoderne und New Age, in: Stimmen der Zeit 206 (1988) 147–163 (zit.: 1988 a).

Aus: A. Schilson, Gottes Weisheit im Mysterium. Vergessene Wege christlicher Spiritualität, Mainz 1989.

Hanna-Barbara Gerl

Was hält die Frauen in der Kirche? Vier mögliche Antworten

„Ich *bleibe* nicht in der Kirche. Ich *bin* in der Kirche, und sie ist in mir. Ich bin ein Teil von ihr, der von ihrem Blut und Atem lebt. Ich bin ihr in der Taufe bewußtlos eingepropft worden, und ich habe dieses Ereignis später im eigenen Entschluß und mit vollem Einverständnis mit dieser glücklichsten aller Fügungen meines Lebens nachvollzogen."[1]

Dieser herausfordernde Satz stammt von Ida Friederike Görres (1901–1971), der „nichtstudierten", charismatisch-streitbaren Laientheologin. Oder eine Stimme der letzten Jahre, Tatjana Goritschewa, die 1980 in den Westen abgeschobene Ex-Dozentin für Marxismus-Leninismus aus Leningrad, über ihre Erfahrung: „Kirche ist heute die einzige Stelle bei uns, wo Schönheit, Wahrheit und geistige Energie gefunden werden können in einer trostlosen Wüste der Lüge."[2] Und mit diesen ebenso kämpferischen wie leidenschaftlich ergebenen Gedanken soll die jetzige Überlegung einsetzen.

Um so mehr, als zu dieser Hingabe durchaus die Erfahrung gehört, wie kalt und nichtssagend Kirche für viele ist. Um Ida Görres nicht dem Vorwurf der Blauäugigkeit auszusetzen, noch ein anderes Wort aus ihrem letzten Lebensjahr: „Es gibt das ‚Erwachen der Kirche in den Seelen'. Es gibt auch das Sterben der Kirche in den Seelen.

1 Ida Friederike Görres, Warum bleibe ich in der Kirche?, in: Görres, Aufbruch, aber keine Auflösung, Freiburg 1971, 127.

2 Tatjana Goritschewa, Von Gott zu reden ist gefährlich, Freiburg 1984.

Wir erleben es rund um uns, mitten unter uns, selten als plötzlichen Zusammenbruch unter dem Blitzschlag einer Katastrophe (– enthüllt, wo solches geschieht, sich nicht die Tatsache, daß die Grundmauern schon lange unterhöhlt waren? –), sondern das langsame, schleichende, unmerkliche Sterben an Erkaltung und Verarmung, an geistiger Unterernährung und Verhärtung."[3] Ist diese zweite Erfahrung nicht wirklicher und wirksamer? Ist sie nicht auch in vielen, die sich der Kirche zugehörig wissen, zeitweilig als Empfinden anzutreffen? Und dennoch sei hier eine These darüber gewagt, was gerade Frauen bis heute und noch heute in der Kirche halten mag – eine wichtige Erinnerung, damit das Reden von „Frau und Kirche" nicht bloß lamentierend und damit unfruchtbar gerät. Und diese Erinnerung hat von Grund auf mit dem „Weiblichen", d. h. mit der Symbolebene der Kirche zu tun.

Kirche ist ein Ganzes, ein Kosmos geschichtlicher Herkunft; in ihr ist Uraltes gegenwärtig, ursprünglich – zuerst Elemente der alten Religionen, von denen schon John Henry Kardinal Newman sagte, „aus den Quellen der Heiden könne die Kirche Milch schöpfen" (in Anwendung eines Verses aus dem Alten Testament). Dann ohne Zweifel auch Bausteine der Synagoge, die zu erinnern gerade heute von besonderem Sinn ist. Nur vor dem Hintergrund solcher Herkunft läßt sich auch das Neue, die umgestaltende Kraft der Kirche klar und nicht einfach bloß utopisch beschreiben. Kirche ist ältestes Potential, Sammlung auch anderer religiöser Schatzkammern, Blutkreislauf der Geschichte, aus dem man nicht einfach austreten kann. Und wer sich um die Zukunft der Frau in der Kirche sorgt, hat in die vielen versunkenen, aber wirksamen Ebenen dieser langen Erfahrung einzutreten.

3 Ida Friederike Görres, Die Ruhe der Ungestörten – nicht das Maß der Dinge, in: Görres, Aufbruch, aber keine Auflösung, 52 f.

1. Wenn wir die Überlieferung der Geistesgeschichte prüfen, so nimmt auch Kirche teil an dem „Grundwasser" des religiösen Bewußtseins der ersten Frühe. Man könnte die Kirche vergleichen mit einem Haus, das in verschiedene Stockwerke unterteilt ist und mit seinem „Keller" ausdrücklich in den Boden – oder eben ins Grundwasser – der Urgeschichte reicht. Hier ist jene Zeit des „magisch-mütterlichen Urbewußtseins" anzutreffen, das die Tiefenpsychologie heute das „kollektive Unbewußte" nennt. Wie schon ausgefaltet, sind hier das Empfinden eines Gruppen-Wir und der Mangel des uns vertrauten Ich-Gefühls kennzeichnend. Familie, Sippe, Clan sind, auch durch religiöse Riten, in mütterlicher Hut und Bindung; vorwiegend handelt es sich um Nachtkulturen, ausgezeichnet durch Mondfeste und Fruchtbarkeitskulte. Die mütterliche Frau ist eine (mondbezogene) „Bringerin des Lebens", unbewußte Hüterin der Sippe, die den nicht abreißenden Kreislauf der Geburten garantiert – auch der Tod ist nicht Ende, sondern Übergang zur „anderen", geheimnisvoll gegenwärtigen Seite, oder: er wird überwunden in der Wiedergeburt mit der nächsten Generation. Die Mutter stellt den unbedingt mächtigen und bindenden Bereich vor, das Angstvertreibende in der Urwelt der Angst, das Heimliche in der Welt des Unheimlichen.

Für die Kirche (wie für die Synagoge) sind Wurzeln in dieser nach Hunderttausenden von Jahren währenden Vorzeit erkennbar und überaus wichtig: So ist die Kirche grundsätzlich Mutter (die man im übrigen nie wirklich verlassen kann, selbst nicht bei einem Austritt). In ihr sind Hut und Bindung gegenwärtig; von ihren drei Hochfesten sind zwei Mond- und Nachtfeste, nämlich Weihnachten und die Osternacht, die beide eine Geburt zum Ausdruck bringen. In der Krypta der romanischen Kirchen ist die bergende Höhle als Grund der Kirche noch erhalten; sie bewahrt in ihrem mütterlichen Dunkel die Toten und Lebenden zugleich. Und nicht das Sehenkönnen ist der entscheidende religiöse Vorgang, sondern das geheimnisvolle Dabeisein beim Mysterium, das Eingewobensein in die Ganzheit der Betenden – ohne daß das eigene Gebet hier vorrangig wäre. Die Feste der Kirche schwingen ein in jahreszeitliche Riten: Erntedank (Laubhüttenfest) und die Bitt-Tage vor Himmelfahrt mit ihrem Flursegen zeigen den innigen Bezug zur Erde, zum Sichtbaren, Greifbaren, Sinnlichen; in der Liturgie geht es um Riechen, Hören, Schmecken, um die alte sapientia, die ja Geschmack heißt und nicht bloß Weisheit. (Das Sehen im ausgeleuchteten Raum ist dagegen eine weit spätere religiöse Forderung, welcher erst in den Barockkirchen und mit der Umwendung des Priesters zur Gemeinde in der Liturgie-Reform stattgegeben wird.) In der Litanei, in den dreimaligen Wiederholungen, im Rosenkranz ist die Bedeutung des Rhythmus, sein Einwirken auf das Unbewußte hörbar. Von jeher hat die Kirche die Bedeutung gerade des Unbewußten anerkannt, so in der Kindertaufe – Eintauchen und Wiedergeburt aus dem mütterlichen Wasser und dem Geist –, so in der Beichte, so in einer Fülle von Sakramentalien mit ihrer heilenden Wirkung. Nicht zuletzt kommt heilig ja auch von heilen, und gerade Frauen – Hildegard, Elisabeth, Ottilia, Walburga – treten als Heilerinnen hervor. Ursprünglich gibt es bei der Taufe, wie die deutsche Etymologie verrät, nur die Gestalt der Patin = Gotin, die als „Hebamme" bei der Wiedergeburt beider Geschlechter und im Namen Gottes, von dem sie sich ableitet, auftritt.[4] Der männliche „Gotl" erscheint da-

4 Jacob und Wilhelm Grimm, Deutsches Wörterbuch, Nachdruck der Erstausgabe, München 1984, VIII, 990: „zu beachten ist die auffallende und von der kirche nicht vorgesehene rolle des weiblichen geschlechts bei der patenschaft, vielerorts kennt man nur eine patin, die gotte (...), während der mann dann nur nebenbei die rolle eines gevatters mit übernimmt."

gegen erst, als die Bildlichkeit des Geburtsvorganges bereits verblaßt war.

Unleugbar ist Kirche in dieser tiefsten Aufgabe, der Geburt zu neuem Leben, mütterlich – bis in die fast „gynäkologischen" Beschreibungen des Taufvorganges hinein: „Aus dem makellosen Mutterschoße des göttlichen Brunnens steige empor ein himmlisches Volk, zu neuen Geschöpfen geboren. Und seien sie auch verschieden nach Geschlecht und Alter, zu gleicher Kindheit gebäre als Mutter sie alle die Gnade."[5] Ihre anderen Symbole, Schiff, Arche, Haus, lassen sich ebenso fast ausschließlich in archetypisch weiblicher Ausprägung fassen. Hugo Rahner hat dazu eine kaum ausgeschöpfte „Lunar-Theologie" bei den Vätern nachgewiesen, also die mütterliche Bildlichkeit der Kirche, aus den Wurzeln ältester Mythen stammend, erneut ans Licht gehoben.[6]

Wenn wir die Frage wiederholen: Was hält die Frauen in der Kirche?, so lautet eine vielleicht unvermutete Antwort: die Kirche selbst, ihr mütterlicher Boden.

2. Eine zweite Schicht, über dem „Keller" gleichsam, bildet das mythische Vorbewußtsein, in dem Kirche ebenfalls beheimatet ist. Sein Kennzeichen, von dem ebenfalls bereits die Rede war, gilt als die Entsprechung von Innen und Außen, von Sinnlichem und Unsinnlichem, von Seele und Kosmos. Und für diesen Gedankengang von wesentlicher Hilfe: Es ist zutiefst eine Welt des *Symbols*. Denn am sinnlichen Außen des Symbols liest sich die innere Bedeutung ab, oder kürzer: Das Symbol ist, was es bedeutet. Ein ungeheurer Reichtum von Bildern, Farben, Geschehnissen, Lauten, Zeichen gibt beständig Hinweise auf eine andere Welt hinter und in diesem Kosmos selbst. In allem ist ein

5 Weihegebet des Taufwassers in der Osternacht.

6 Hugo Rahner, Symbole der Kirche. Ekklesiologie der Väter, Salzburg 1964.

„Mehr“ von Bedeutung; das Dasein schlechthin ist sich selbst Geheimnis.
Wiederum ist die Kirche zutiefst durchdrungen von der Welt des Mythischen, eingefaltet im Symbol, in den „Heiligen Zeichen“. Sie sind das Reich der Seele, worin die Welt voller Sinn und Bedeutung anziehend-geheimnishaft auftritt. Zu diesen Symbolen gehören in einem wörtlichen Sinn die Sakramente, in denen das sinnliche Zeichen mit der unsinnlichen Bedeutung eins geworden ist.[7]
Von sich aus ist diese Welt der Symbolik einer unverbildeten Psyche nicht allein lesbar, sie deutet sich vielmehr selbst. Hier setzt der ganze kirchliche Reichtum von Farben, Gebärden, Worten ein, den die Seele mühelos auf sich beziehen, woran sie sich ergänzen kann. Im Kreislauf des Kirchenjahres wiederholt sich symbolisch das Heil, das in der Geschichte wirklich wurde, immer erneut und geheimnisvoll gleichzeitig.
Wiederum lautet die Frage, was die Frauen in der Kirche halte, und die Antwort kann an dieser Stelle versuchsweise so heißen: Es hält sie die Erfahrung von der Heilung durch das Heilige – worin kein Unterschied von Mann und Frau besteht. Anders: Es hält sie die Erfahrung von der Berührbarkeit des Geheimnisses, von der Entsprechung des eigenen Lebens zur Sinnfülle des Ganzen.
3. Die bisher aufgezeigten „Stockwerke“ sind heute scheinbar ferngerückt, in ihrer Macht oder Selbstverständlichkeit nicht mehr unmittelbar. Sogar das „Übersetzen“ der Symbole, deren Gewalt ja in ihrem Sich-selbst-Zeigen besteht, ist heute notwendig, damit aber in gewisser Weise Ausdruck von etwas Künstlichem geworden. Heute gewohnt ist vielmehr etwas anderes: ein dritter Raum des Hauses Kirche, in dem wir uns normalerweise

7 Siehe Johann Wolfgang von Goethe, Dichtung und Wahrheit, in: Werke, Hamburg ^{9}1981, Bd. IX, 289–291.

bewegen, jene Ebene des genauen Denkens, des scharfen Zusehens, der unwiederbringlichen Zeit, des Raumes, der Geschichte, die Welt der begrifflichen Unterscheidung, der theologischen Analyse, der Trennung von Beweisbarem und Unbeweisbarem. Und es ist unbestreitbar, daß diese Welt des Logos die Welt des Eindeutigen, des Klaren, des Lichtes war, die über das unscharfe Bild, das vieldeutige Symbol in eine andere Helle hinweghalf. Das Seelisch-Offene wird nun vom Genauen, Durchdachten, ja vom Tagesbewußtsein abgelöst, in dem Gott nicht nur im Geheimnis, sondern im Wissen sich antreffen lassen soll (und läßt!). Der geschichtliche Träger dieses Fortschreitens ist – wie gezeigt – der Vater: der Wahrer des Rechten und des Rechtes, der das Zweideutige, nur Gefühlsmäßige richtet und damit auch ausschließt. Diese kulturelle Entwicklung des Abendlandes spiegelt und verstärkt sich zweifellos im Judentum wie im Christentum. Beide verdanken diesem Väterlichen Notwendiges: die grundsätzliche Entdeckung des Einzelnen – so wie Moses gegen das Volk sich selbst setzt in jenem heiligen Zorn über die kindhafte Gruppe. Ebenso gehört dazu die Entdeckung, daß Gott anders ist als diese Welt, nicht identisch mit der Erde/Materie, vielmehr hoch über ihr, unbesitzbar. Wesentlich kommt dazu, daß Amt, Wirken in der Öffentlichkeit, Herrschaft durch Denken nunmehr Sache des Mannes ist, die Frau wird – als Trägerin der anima und Inbild der materia – gebändigt. Eine Vergeistigung, ja Bildlosigkeit des Kultus setzt ein, dem die genaue Bändigung der Triebwelt, auch der Sinne entspricht; alles Wahrnehmbare wird seiner Numinosität entkleidet, ebenso wie die Götter ihrer Sexualität, ihrer sinnlichen Mitteilungen entkleidet werden. Das Sichtbare weist nunmehr weit auf das nicht mehr Sichtbare fort. Fern von der Welt wölbt sich die Überwelt. Selbst über das Symbol hinaus, das ja als „Nahtstelle“ zwischen Außen und Innen unverzichtbar bleibt, wird nun aber das Nicht-Symbolische, der Geist, dem Denken wichtig. Gewonnen ist jene entschiedene Klärung des Gottesbildes, das nicht mehr aus Licht und Finsternis ahnungsvoll gewebt ist und die von ihm Abhängigen selbst unentschieden läßt. Unhintergehbar ist das Geistige nunmehr Maßstab des Religiösen, weil Gott sich selbst als Geist offenbart hat.

Stellen wir hier die gewohnte Frage, was die Frau in der Kirche hält, so lautet die schwieriger gewordene Antwort: daß das Ansprechen des Geistigen auch und immer die Frau anspricht. Denn mit dem Geistigen ist Gedanke und Wert der Person entdeckt, die selbst übergeschlechtlich gefaßt ist, da sie Freiheit und ungesonderte Menschlichkeit meint. Nicht ausdrücklich, aber „miteingeschlossen" ist daher auch die Frau als Person dieser Welt des Geistigen zugeordnet. Dennoch ist der Mann fast exklusiv *geschichtlicher* Träger (Erstformulierer, Theoretiker) dieses Denkens, repräsentiert es auch religiös in Amt und „Verwaltung" des Heiligen. Heute müßte zweierlei neu bedacht werden: daß Geist nicht notwendig Rationalität ist und ferner, daß Geist über das Geschlecht hinaus lösend das Menschliche freisetzt...

Aus: H.-B. Gerl, Die bekannte Unbekannte. Frauen-Bilder in der Kultur- und Geistesgeschichte, Mainz 1988, ²1989.

Autoren und Werke

Kurzbiographien und Bibliographie der im Matthias-Grünewald-Verlag erschienenen Bücher, nach Erscheinungsjahr geordnet. Mit * gekennzeichnete Werke sind nicht mehr lieferbar.

Johann Adam Möhler
1796–1838; ab 1826 Professor für Kirchengeschichte in Tübingen, ab 1835 in München.

Die Einheit in der Kirche oder das Prinzip des Katholizismus. Hg. von Emil Vierneisel. 1925. XVI, 362 S.*

John Henry Newman
1801–1890; Geistlicher der Anglikanischen Hochkirche. 1845 Konvertierung zum Katholizismus. 1851–1858 Leitung der Katholischen Universität in Dublin. 1880 als nichtresidierender Bischof in das Kardinalskollegium aufgenommen.

Ausgewählte Werke in 8 Bänden
Band I: Apologia pro vita sua. Geschichte meiner religiösen Überzeugungen. Übersetzt von Maria Knoepfler. 1922. ^{4}1983. XVI + 372 S. Ln.
Bd. II/III: Briefe und Tagebuchaufzeichnungen aus der katholischen Zeit seines Lebens. Übersetzt von Maria Knoepfler. 1957. XX + 800 S. Ln.
Bd. IV: Polemische Schriften. Abhandlungen zu Fragen der Zeit und der Glaubenslehre. Übersetzt von Sr. Erentrudis Kawa und Max Hofmann. 1959. XVII + 318 S. Ln.
Bd. V: Vom Wesen der Universität. Hg. von Matthias La-

ros, Werner Becker und Heinrich Bohlen. Übersetzt von Heinrich Bohlen. 1960. XVII + 350 S. Ln.

Bd. VI: Zur Philosophie und Theologie des Glaubens. Oxforder Universitätspredigten. Übersetzt von Max Hofmann und Werner Becker. Mit einem Kommentar von Werner Becker. 1964. XVI + 565 S. Ln.

Bd. VII: Entwurf einer Zustimmungslehre. Hg. von Werner Becker, Matthias Laros und Johannes Artz. Übersetzt von Theodor Haecker. 1961. XII + 428 S. Ln.

Bd. VIII: Über die Entwicklung der Glaubenslehre. Durchgesehene Neuausgabe der Übersetzung von Theodor Haecker, besorgt, kommentiert und mit ergänzenden Dokumenten versehen von Johannes Artz. 1969. LII + 672 S. Ln.

Bd. IX: Johannes Artz: Newman-Lexikon. Registerband. 1975. XXII + 640 S. Ln.

Gott und die Seele. Gebete und Betrachtungen über die christlichen Wahrheiten. Übersetzt von Matthias Laros. 1919. [9]1960. 140 S. Ln.*

Der Maimonat. Gebete und Betrachtungen im Anschluß an die lauretanische Litanei für alle Tage des Monats. 1919. 84 S. Kt.*

Betrachtungen und Fürbitten für den Karfreitag. Übersetzt von Maria Knoepfler. 1922. 94 S.*

St. Chrysostomus. Schicksale des Theodoret. Zwei Lebensbilder. Übersetzt von Josef Karl. 1923. 223 S. Geb.*

Verlust und Gewinn. Die Geschichte eines Konvertiten. Übersetzt von Ignatia Breme. 1924. 381 S. Hln.*

Der Traum des Gerontius. Übersetzt von Emilie Schleußner. 1925. 56 S.*

Der heilige Benedikt, seine Mission und seine Schulen. Übersetzt von Hanna Schwarz. 1926. 192 S.*

Die Auferstehung. Übersetzer des Haupttextes Matthias Laros. 1937. 8 Bl.*

Leben als Ringen um die Wahrheit. Ein Newman Lesebuch. Hg. von Günter Biemer und James Derek Holmes. 1984. 352 S. mit 8 ganzs. Bildtafeln Ln.
Gott – das Licht des Lebens. Gebete und Meditationen. Hg. von Günter Biemer und James Derek Holmes. 1987. 180 S. Pp.

Romano Guardini
1885–1968; Lehrtätigkeit an den Universitäten Bonn, Berlin, Tübingen und München, wo er von 1948 bis zu seiner Emeritierung den Lehrstuhl für Christliche Weltanschauung und Religionsphilosophie innehatte.

Der Kreuzweg unseres Herrn und Heilandes. 1919. 359.–360. Tsd. 1988. 70 S. Kt.
Aus einem Jugendreich. 1920. 50 S. Kt.*
Neue Jugend und Katholischer Geist. 1920. ²1924. 45 S. Hln.*
Auf dem Wege. Versuche. 1923. 166 S. Ln.*
Liturgische Bildung. Versuche. 1923. 92 S.*
12 Nachmittagsandachten im Anschluß an die liturgische Vesper. 1924. 99 S.*
Der Gegensatz. Versuche zu einer Philosophie des Lebendig-Konkreten. Mit einem Nachwort von Hanna-Barbara Gerl. 1925. ³1985. 236 S. Kt.
Heilige Zeit. Liturgische Texte aus Missale und Brevier. 1925. ³1931. 300 S. Ln.*
Ehe und Jungfräulichkeit. 1926. ²1956. 88 S. Kt.*
Briefe vom Comer See. 1927. ⁶1965. 104 S. Kt. (s. Die Technik und der Mensch)
Von heiligen Zeichen. 1927. 188.–191. Tsd. 1988. 68 S. Kt.
In Gloria Sanctorum. Liturgische Texte aus Missale und Brevier. Ins Deutsche übertragen. 1928. 290 S. Ln.*
Morgenandacht. Aus der Prim übertragen. 6.–10. Tsd. 1928. 14 S. Geh.*

Das Gute, das Gewissen und die Sammlung. 1929. [5]1962. XVI, 92 S. Ln.*

Briefe über Selbstbildung. Topos Taschenbuch 146. Bearbeitet von Ingeborg Klimmer. 1930. [14]1985. 192 S. Kt.

(mit Felix Messerschmid:) *Deutsches Kantual*. Hilfsbuch für den gemeinschaftlichen Gottesdienst. 1931. 231 S. Ln.*

Über Wilhelm Raabes Stopfkuchen. 1932. 93 S. Ln.*

Wille und Wahrheit. Geistliche Übungen. 1933. [5]1958. 220 S. Ln.*

Unterscheidung des Christlichen. Gesammelte Studien. Im Namen der Freunde zum 50. Geburtstag des Verfassers. Hg. von Heinrich Kahlefeld. Mit einem Bild des Verfassers. 1935. XII, 530 S. Ln. [2]1963.*

Besinnung vor der Feier der heiligen Messe. 1939. [8]1965. 224 S. Ln.*

Worte zur Trauung. Bibliophiler Sonderdruck. 1939. [5]1964. 22 S. Kt.*

Ein Wort zur liturgischen Frage. Mit einem Geleitwort des Bischofs von Mainz. 1940. 22 S.*

Das Jahr des Herrn. Ein Betrachtungsbuch. 1949. [2]1954. 136 S. Ln.*

Staat in uns. Aus Briefe über Selbstbildung. Brief 9. 1957. 37 S. Kt.*

Lob des Buches. [3]1963. 30 S. Pp.*

Religiöse Erfahrung und Glaube. Topos Taschenbuch 28. 1974. 127 S. Kt. (in Gemeinschaft mit dem Patmos Verlag)*

Der Weg zum Mensch-Werden. Topos Taschenbuch 41. 1975. 127 S. Kt.*

Das Gebet des Herrn. Topos Taschenbuch 75. 1978. [13]1988 (Nachdruck von [9]1965). 96 S. Kt.

Der Heilbringer in Mythos, Offenbarung und Politik. Eine theologisch-politische Besinnung. Topos Taschenbuch 84. 1979. 84 S. Kt.

Geistliche Schriftauslegung. Mit einem Nachwort von H. Kahlefeld. Topos Taschenbuch 98. 1980. 100 S. Kt.

Der Raum der Meditation. Die Sammlung, das Gewissen und das Gute. Bearbeitet von Ingeborg Klimmer. Topos Taschenbuch 92. 1980. 96 S. Kt.*

Die Technik und der Mensch. Briefe vom Comer See. Mit einem Vorwort von Walter Dirks. Topos Taschenbuch 108. 1981. 96 S. Kt.

Vom lebendigen Gott. Topos Taschenbuch 104. 1981. ^{2}1987. 84 S. Kt.

Beten im Gottesdienst der Gemeinde. Zur Besinnung und Mitfeier. Topos Taschenbuch 114. 1982. 108 S. Kt.

Vom Leben des Glaubens. Topos Taschenbuch 124. 1983. 88 S. Kt.

Vom Sinn der Schwermut. Topos Taschenbuch 130. 1983. ^{3}1989. 108 S. Kt.

Das Ende der Neuzeit. Ein Versuch zur Orientierung. *Die Macht.* Versuch einer Wegweisung. Romano Guardini Werke. 1986. ^{2}1989. 188 S. Kt. (in Gemeinschaft mit dem Verlag Ferdinand Schöningh, Paderborn)

Die Lebensalter. Ihre ethische und pädagogische Bedeutung. Topos Taschenbuch 160. 1986. ^{2}1989. 104 S. Kt.

Vorschule des Betens. Romano Guardini Werke. 1986. 176 S. Kt. (in Gemeinschaft mit dem Verlag Ferdinand Schöningh, Paderborn)

Der Anfang aller Dinge. Meditationen über Genesis, Kapitel 1–3. *Weisheit der Psalmen.* Meditationen. Romano Guardini Werke. 1987. 264 S. Kt. (in Gemeinschaft mit dem Verlag Ferdinand Schöningh, Paderborn)

Die Annahme seiner selbst. Den Menschen erkennt nur, wer von Gott weiß. Topos 171. 1987. ^{2}1990. Kt.

Das Christusbild der paulinischen und johanneischen Schriften. Romano Guardini Werke. 1987. 232 S. Kt. (in Gemeinschaft mit dem Verlag Ferdinand Schöningh, Paderborn)

Die Mutter des Herrn. Ein Brief und darin ein Entwurf. Topos Taschenbuch 165. 1987. 72 S. Kt.

Der Tod des Sokrates. Eine Interpretation der platonischen Schriften Euthyphron, Apologie, Kriton und Phaidon. Romano Guardini Werke. 1987. 288 S. Kt. (in Gemeinschaft mit dem Verlag Ferdinand Schöningh, Paderborn)

Tugenden. Meditationen über Gestalten sittlichen Lebens. Romano Guardini Werke. 1987. 184 S. Kt. (in Gemeinschaft mit dem Verlag Ferdinand Schöningh, Paderborn)

(mit Andreas Felger:) *So vielen hast Du geholfen.* Der Kreuzweg unseres Herrn. Mit einem Nachwort von D. Helmut Claß. 1987. 76 S. Ln. (in Gemeinschaft mit dem Präsenz Verlag der Jesusbruderschaft Gnadenthal, Hünfelden)

Gebet und Wahrheit. Meditationen über das Vaterunser. Romano Guardini Werke. 1988. 200 S. Kt. (in Gemeinschaft mit dem Verlag Ferdinand Schöningh, Paderborn)

Sorge um den Menschen, Band 1. Romano Guardini Werke. 1988. 256 S. Kt. (in Gemeinschaft mit dem Verlag Ferdinand Schöningh, Paderborn)

Der unvollständige Mensch und die Macht. Sprecher: Romano Guardini. Grünewald-Sprechkassetten. 1988

Vom Sinn der Schwermut. Sprecher: Manfred Schradi. Grünewald-Sprechkassetten. 1988

Welt und Person. Versuche zur christlichen Lehre vom Menschen. Romano Guardini Werke. 1988. 200 S. Kt. (in Gemeinschaft mit dem Verlag Ferdinand Schöningh, Paderborn)

Die Bekehrung des Aurelius Augustinus'. Der innere Vorgang in seinen Bekenntnissen. Romano Guardini Werke. 1989. 256 S. Kt. (in Gemeinschaft mit dem Verlag Ferdinand Schöningh, Paderborn)

Der Heilige in unserer Welt. Der Sonntag – gestern, heute und immer. Sprecher: Romano Guardini. Grünewald-Sprechkassetten. 1989

Die letzten Dinge. Die christliche Lehre vom Tode, der Läuterung nach dem Tode, Auferstehung, Gericht und Ewigkeit. Topos Taschenbuch 192. 1989. 132 S. Kt.
Religiöse Gestalten in Dostojewskijs Werk. Studien über den Glauben. Romano Guardini Werke. 1989. 320 S. Kt. (in Gemeinschaft mit dem Verlag Ferdinand Schöningh, Paderborn)
Die Situation des Menschen. Sprecher: Romano Guardini. Grünewald Sprechkassetten. 1989
Sorge um den Menschen, Band 2. Romano Guardini Werke. 1989. 144 S. Kt. (in Gemeinschaft mit dem Verlag Ferdinand Schöningh, Paderborn)
Religion und Offenbarung. Romano Guardini Werke. 1990. Ca. 204 S. Kt. (in Gemeinschaft mit dem Verlag Ferdinand Schöningh, Paderborn)
In Spiegel und Gleichnis. Bilder und Gedanken. Romano Guardini Werke. 1990. 208 S. Kt. (in Gemeinschaft mit dem Verlag Ferdinand Schöningh, Paderborn)
Vom Sinn der Kirche. Fünf Vorträge. *Die Kirche des Herrn.* Meditationen über Wesen und Auftrag der Kirche. Romano Guardini Werke. 1990. Ca. 192 S. Kt. (in Gemeinschaft mit dem Verlag Ferdinand Schöningh, Paderborn)

Hermann Volk

1903–1988; Dr. theol., Dr. phil., 1942–1962 Professor für Dogmatik an der Universität Münster. Ab 1962 Bischof von Mainz. 1973 Ernennung zum Kardinal.

Gesammelte Schriften
Bd. 1: 1961. ²1967. 238 S. Ln.*
Bd. 2: 1966. 343 S. Ln.*
Bd. 3: 1979. 336 S. Ln.
Bd. 4: 1982. 212 S. Ln.
Glaube als Gläubigkeit. 1963. 116 S. Kt.*

Leiden und Freude im Leben des Christen. 1963. 100 S. Kt.*
Maria, Mutter der Gläubigen. 1964. ^{2}1965. 46 S. Kt.*
Theologische Grundlagen der Liturgie. 1964. ^{2}1965. 123 S. Kt.*
Der Priester und sein Dienst. 1966. 124 S. Kt.*
(mit Friedrich Wetter:) *Geheimnis des Glaubens*. Gegenwart des Herrn und eucharistische Frömmigkeit. 1968. 85 S. Kt.*
Gott hat uns zuerst geliebt. Predigten zum Kirchenjahr. 1972. 142 S. Kt.*
Der Christ als geistlicher Mensch. Von christlicher und priesterlicher Spiritualität. 1974. ^{2}1975. 124 S. Kt.*
Christus alles in allen. 1975. 112 S. Kt.
Ihr sollt meine Zeugen sein. Gedanken zu Firmung, Ehe, Priester- und Ordensleben. 1976. 136 S. Kt.
Zum Lob seiner Herrlichkeit. Drei Ansprachen. Topos Taschenbuch 54. 1976. 133 S. Kt.*
Formen christlicher Existenz. Topos Taschenbuch 102. 1980. 116 S. Kt.*
Freut euch im Herrn. Predigten. 1988. 160 S. Kt.

Yves Congar
geb. 1904; 1925 Eintritt in Predigerorden, 1930 Priesterweihe. Langjährige Tätigkeit als Professor der Theologie an der Ordenshochschule der französischen Dominikaner in Le Saulchoir, Konzilsberater, Mitglied der internationalen Theologenkommission.

Christus – Maria – Kirche. 1959. 81 S. Kt.*
Für eine dienende und arme Kirche. Grünewald Reihe. 1965. 127 S. Pb.*
Die Tradition und die Traditionen. 1965. 292. S. Ln.*

Josef Maria Reuss
1906–1985; Dr. theol., Professor für Pastoraltheologie, Weihbischof von Mainz.

Opfermahl – Mitte des Christseins. Eine pastoraltheologische Untersuchung zur Meßfeier. 1960. 144 S. Ln.*
Geschlechtlichkeit und Liebe. Sexualpädagogische Richtlinien und Hinweise. 1961. ^{3}1964. 136 S. Ln.*
Glauben heute. Überlegungen für den Dienst am Glauben. Im Auftrage der Arbeitsgemeinschaft der Pastoraltheologie im deutschen Sprachgebiet. 1962. 168 S. Ln.*
Verantwortete Elternschaft. Gesammelte Aufsätze zur Frage der Empfängnisregelung. 1967. 116 S. Kt.*
Familienplanung und Empfängnisverhütung. Überlegungen im Anschluß an die Synodenvorlage „Christlich gelebte Ehe und Familie“ sowie an die Enzyklika „Humanae vitae“. 1975. 64 S. Kt.*
In der Sorge um die Priester und das ganze Gottesvolk. Überlegungen zum Zölibatsproblem. 1982. 52 S. Kt.*
Herr, gib uns immer dieses Brot. Meditationen über Glauben und Eucharistie. 1983. 84 S. Kt.*

Edward Schillebeeckx
geb. 1914; Dominikaner, Konzilsberater; em. Professor für Systematische Theologie und Theologiegeschichte in Nijmegen.

Christus – Sakrament der Gottbegegnung. 1960. ^{2}1961. 225 S. Ln.*
Neues Glaubensverständnis – Honest to Robinson. 1964. 91 S. Kt.*
Personale Begegnung mit Gott. Eine Antwort an John A. T. Robinson. 1964. ^{2}1965. 91 S. Kt.*
Offenbarung und Theologie. Band 1 der Gesammelten Schriften. 1965. 350 S. Ln.*

Gott – Die Zukunft des Menschen. 1969. 176 S. Ln.*
Gott – Kirche – Welt. Band 2 der Gesammelten Schriften. 1970. 298 S. Ln.
Glaubensinterpretation. Beiträge zu einer hermeneutischen und kritischen Theologie. 1971. 176 S. Ln.
(mit Huub Oosterhuis und Piet Hoogeveen:) *Gott ist jeden Tag neu.* Ein Gespräch. 1984. 176 S. Kt.
Mystik und Politik. Theologie im Ringen um Geschichte und Gesellschaft. Johann Baptist Metz zu Ehren (Hg.), 1988. 416 S. Kt.

Josef Sudbrack
geb. 1926; Dr. theol., Dozent für geistliche Theologie in Innsbruck.

Die Glaubwürdigkeit des Glaubens. Reihe Erlöstes Dasein. 1969. 119 S. Kt.*
Zeugen christlicher Gotteserfahrung (Hg.), 1981. 184 S. Kt.*
(mit Sigmunda May und Peter F. Bock:) *Begegnungen mit Jesus.* Urbilder des Menschlichen. Mit 40 Holzschnitten. 1984. 80 S. Ln. (in Gemeinschaft mit av-edition München/Offenbach)
Neue Religiosität – Herausforderung für die Christen. Topos Taschenbuch 168. 1987. ^{3}1988. 248 S. Kt.
Mystik. Selbsterfahrung – kosmische Erfahrung – Gotteserfahrung. Reihe Unterscheidung. Christliche Orientierung im religiösen Pluralismus. 1988. ^{2}1988. 160 S. Kt. (in Gemeinschaft mit dem Quell Verlag, Stuttgart)

Johann Baptist Metz
geb. 1928; Professor für Fundamentaltheologie in Münster.

Weltverständnis im Glauben (Hg.), unter Mitarbeit von Jörg Splett. Grünewald Reihe. 1965. ^{2}1967. 314 S. Pp.*
Reform und Gegenreformation heute. 1969. 44 S. Kt. (in Gemeinschaft mit dem Chr. Kaiser Verlag, München)*
Befreiendes Gedächtnis Jesu Christi. 1970. 16 S. Sn.*
Kirche im Prozeß der Aufklärung. Aspekte einer neuen „politischen" Theologie. Gesellschaft und Theologie / Systematische Beiträge. 1970. 144 S. Kt. (in Gemeinschaft mit dem Chr. Kaiser Verlag, München)*
Zur Theologie der Welt. Topos Taschenbuch 11. 1973. ^{5}1985. 152 S. Kt.
Glaube in Geschichte und Gesellschaft. Studien zu einer praktischen Fundamentaltheologie. 1977. ^{4}1984. 148 S. Kt.
Jenseits bürgerlicher Religion. Reden über die Zukunft des Christentums. Gesellschaft und Theologie / Forum Politische Theologie 1. 1980. ^{4}1984. 148 S. Kt. (in Gemeinschaft mit dem Chr. Kaiser Verlag, München)
(mit Peter Rottländer:) *Lateinamerika und Europa.* Dialog der Theologen (Hg.), Forum Politische Theologie 8. 1988. 172 S. Kt. (in Gemeinschaft mit dem Chr. Kaiser Verlag, München)

Gustavo Gutiérrez
geb. 1928; Studium der Philosophie und Theologie in Europa. Professor für Theologie an der Katholischen Universität Lima.

Theologie der Befreiung. Mit einem Vorwort von Johann Baptist Metz. Gesellschaft und Theologie / Systematische Beiträge 11. 1973. ^{9}1986. XII + 288 S. Kst. (in Gemeinschaft mit dem Chr. Kaiser Verlag, München)
Die historische Macht der Armen. Fundamentaltheologische Studien 11. 1984. 204 S. Kst. (in Gemeinschaft mit dem Chr. Kaiser Verlag, München)

Aus der eigenen Quelle trinken. Spiritualität der Befreiung. Fundamentaltheologische Studien 12. 1986. 152 S. Kt. (in Gemeinschaft mit dem Chr. Kaiser Verlag, München)
Von Gott sprechen in Unrecht und Leid – Ijob. Fundamentaltheologische Studien 15. 1988. 156 S. Kst. (in Gemeinschaft mit dem Chr. Kaiser Verlag, München)

Theodor Schneider
geb. 1930; Dr. theol., Ordinarius für Dogmatik und Ökumenische Theologie an der Johannes Gutenberg Universität Mainz.

Wir sind sein Leib. Meditationen zur Eucharistie. Topos Taschenbuch 65. 1977. [4]1989. 88 S. Kt.
Der verdrängte Aufbruch. Ein Konzils-Lesebuch. 1985. 192 S. Kt.
Zeichen der Nähe Gottes. Grundriß der Sakramententheologie. 1979. 5. erg. Aufl. 1987, 322 S. Ln.

Otto Hermann Pesch
geb. 1931; Kath. Theologe, Professor für Systematische Theologie und Kontroverstheologie am Fachbereich Evangelische Theologie in Hamburg.

Theologie der Rechtfertigung bei Martin Luther und Thomas von Aquin. Versuch eines systematisch-theologischen Dialogs. Walberberger Studien. Theologische Reihe Band 4. 1967. [2]1985 LXXII + 1012 S. Ln.*
Sprechender Glaube. Reihe Erlöstes Dasein. 1970. [2]1971. 108 S. Kt.*
Gottes Ja und Amen. Christusmeditationen. 1972. 115 S. Ln. Kt.-kaschiert*
Rechenschaft über den Glauben. Topos Taschenbuch 5. 1972. 3. durchges. und erw. Aufl. 1983. 232 S. Kt.

Kleines Katholisches Glaubensbuch. Topos Taschenbuch 29. 1974. ^{12}1987. 134 S. Kt.
Die Zehn Gebote. Topos Taschenbuch 48. 1976. ^{8}1990. 142 S. Kt.
Das Gebet. Topos Taschenbuch 95. 1980. 128 S. Kt.
Heute Gott erkennen. Topos Taschenbuch 100. 1980. ^{3}1988. 156 S. Kt.
Mehr Leben als du ahnst. Vom christlichen Umgang mit Menschen und Dingen (Hg.), mit vielen Farbtafeln. 1981. 168 S. Ln.*
Hinführung zu Luther. 1982. ^{3}1983. 360 S. Ln.
Dogmatik im Fragment. Gesammelte Studien. 1987. 448 S. Kt.
Thomas von Aquin. Grenze und Größe mittelalterlicher Theologie. Eine Einführung. 1988. 2. erg. Aufl. 1989. 456 S. Ln.

Hans Waldenfels
geb. 1931; Ordinarius für Fundamentaltheologie, Theologie der nichtchristlichen Religionen und Religionsphilosophie an der Universität Bonn.

Faszination des Buddhismus. Zum christlich-buddhistischen Dialog. 1982. 196 S. Ln.
(mit Thomas Immoos:) *Fernöstliche Weisheit und christlicher Glaube.* Festgabe für Heinrich Dumoulin SJ zur Vollendung des 80. Lebensjahres (Hg.), Reihe Dialog der Religionen. 1985. 324 S. Ln.

Franz Kamphaus
geb. 1932; Dr. theol., bis 1982 Professor für Pastoraltheologie an der Universität Münster und Regens des dortigen Priesterseminars. Seit 1982 Bischof von Limburg.

(mit Rolf Zerfaß:) *Predigtmodelle.*
Bd. 1: Festzeiten. 1971. 112 S. Kt.*
Bd. 2: Gott–Jesus–Kirche–Leben aus dem Glauben. 1973. 116 S. Kt.*
Bd. 3: Taufe–Buße–Ehe–Krankheit–Begräbnis. 1973. 115 S. Kt.*
Von der Exegese zur Predigt. Über die Problematik einer schriftgemäßen Verkündigung der Oster-, Wunder- und Kindheitsgeschichten. 1968. [3]1971. 363 S. Kst.*
Und er ist Mensch geworden. 1973. [2]1974. 24 S. Kt.*
(mit Johann Baptist Metz und Erich Zenger:) *Gott der Lebenden und der Toten.* 1976. 48 S. Kt.*
(mit Rolf Zerfaß:) *Ethische Predigt und Alltagsverhalten* (Hg.), Gesellschaft und Theologie/Praxis 25. 1977. 160 S. Kst. (in Gemeinschaft mit dem Chr. Kaiser Verlag, München)*
Vom Tod zum Leben. Gesammelte Predigten, hg. von Paul Deselaers. 1982. [2]1984. 200 S. Kt.
Der Preis der Freiheit. Anstöße zur gesellschaftlichen Verantwortung der Christen, hg. von Paul Deselaers. 1987. 176 S. Kt.

Walter Kasper
geb. 1933; Professor für Dogmatische Theologie an der Universität Tübingen. Seit 1989 Bischof von Rottenburg.

Das Absolute in der Geschichte. Philosophie und Theologie der Geschichte in der Spätphilosophie Schellings. 1965. XXVII + 439 S. Ln.*
Christsein ohne Entscheidung oder Soll die Kirche Kinder taufen? (Hg.), 1970. 241 S. Kst.*
Glaube und Geschichte. 1970. 448 S. Ln.*
Einführung in den Glauben. 1972. [7]1983. 176 S. Ln.*
Geheimnis Mensch. 1973. 23 S. Sn.*

Glaube im Wandel der Geschichte. Topos Taschenbuch 21. 1973. 216 S. Kt.
Jesus der Christus. 1974. ^{10}1986. 332 S. Ln.
Zur Theologie der christlichen Ehe. Topos Taschenbuch 112. 1976. ^{2}1981. 96 S. Kt.*
(mit Karl Lehmann:) *Teufel–Dämonen–Besessenheit.* Zur Wirklichkeit des Bösen (Hg.), mit Beiträgen von Walter Kasper, Karl Kertelge, Karl Lehmann und Johannes Mischo. Grünewald Reihe. 1978. ^{2}1978. 148 S. Kst.*
Zukunft aus dem Glauben. 1978. 112 S. Kt.*
Der Gott Jesu Christi. Das Glaubensbekenntnis der Kirche 1. 1982. ^{2}1983. 408 S. Ln.
Sie suchten die Wahrheit. Heilige Theologen (Hg.), Topos Taschenbuch 153. 1985. 132 S. Kt.*
Theologie und Kirche. 1987. 324 S. Ln.

Gisbert Greshake

geb. 1933; 1974–1984 Professor für dogmatische Theologie und Dogmengeschichte an der Universität Wien. Seit 1985 Professor für Dogmatik und Ökumene in Freiburg.

Gnade als konkrete Freiheit. Eine Untersuchung zur Gnadenlehre des Pelagius. 1972. 348 S. Kt.
Stärker als der Tod. Zukunft–Tod–Auferstehung–Himmel–Hölle–Fegefeuer. Topos Taschenbuch 50. 1976. ^{10}1988. 96 S. Kt.
(mit Gerhard Lohfink:) *Bittgebet–Testfall des Glaubens* (Hg.), mit Beiträgen von Gisbert Greshake, Anselm Hertz, Gerhard Lohfink, Thomas Pröpper und Hans Schaller. Grünewald Reihe. 1978. 104 S. Kst.
(mit Wilhelm Geerlings:) *Quellen geistlichen Lebens.* Bd. 1: Die Zeit der Väter (Hg.), mit 6 z. T. vierfarb. Bildtafeln. 1980. 264 S. Ln.
(mit Josef Weismayer:) *Quellen geistlichen Lebens.* Bd. 2:

Das Mittelalter (Hg.), mit zahlr. ganzs. Abb. 1985. 288 S. Ln.
Erlöst in einer unerlösten Welt? Topos Taschenbuch 170. 1987. 168 S. Kt.
(mit Josef Weismayer:) *Quellen geistlichen Lebens.* Bd. 3: Die Neuzeit (Hg.), mit zahlr. ganzs. Abb. 1989. 360 S. Ln.

Elisabeth Schüssler Fiorenza
geb. 1938; Professorin für Neues Testament an der Harvard Universität. Zahlreiche Veröffentlichungen zur Feministischen Theologie und Exegese.

Zu ihrem Gedächtnis... Eine feministisch-theologische Rekonstruktion der christlichen Ursprünge. 1988. 426 S. Kt. (in Gemeinschaft mit dem Chr. Kaiser Verlag, München)

Medard Kehl
geb. 1942; seit 1980 Professor für Dogmatik der Philosophisch-Theologischen Hochschule St. Georgen in Frankfurt.

Hinführung zum christlichen Glauben. 1984. ^{2}1987. 172 S. Kt.
New Age oder Neuer Bund? Christen im Gespräch mit Wendezeit, Esoterik und Okkultismus. Topos Taschenbuch 176. 1988. ^{3}1989. 132 S. Kt.

Arno Schilson
geb. 1945; Dr. theol.; seit 1981 Professor für Abendländische Religionsgeschichte in Mainz.

Geschichte im Horizont der Vorsehung. G. E. Lessings Beitrag zu einer Theologie der Geschichte. TTS Bd. 3. 1974. 352 S. Kt.

Theologie als Sakramententheologie. Die Mysterientheologie Odo Casels. TTS Bd. 18. 1982. ^{2}1987. 352 S. Kt.
Gottes Weisheit im Mysterium. Vergessene Wege christlicher Spiritualität. 1989. 335 S. Ln.

Hanna-Barbara Gerl
geb. 1945; Dr. phil. habil.; seit 1988 Akademische Rätin am „Guardini-Lehrstuhl“ der Universität München.

Romano Guardini 1885–1968. Leben und Werk. Mit 8 s/w-Fotos. 1985. ^{3}1987. 384 S. Ln.
Die bekannte Unbekannte. Frauen-Bilder in der Kultur- und Geistesgeschichte. 1988. 2. erg. Aufl. 1989. 164 S. Kt.

Topos Taschenbücher
Die Reihe mit dem klaren Profil

175 Bartholomäus, Kamillus von Lellis
176 Kehl, New Age oder Neuer Bund?
177 Müller, Homosexuelle Menschen
178 Osterwalder, Erzähl mir eine Geschichte von Gott
179 Pesch, Unsere Gebete
180 Eisenbach, All meine Wege sind dir vertraut
181 Guardini, Der Rosenkranz Unserer Lieben Frau
182 Hoffmann-Herreros, Charles de Foucauld
183 Hussar, Ein Weg der Versöhnung
184 Jakobi/Rösch, Frauen und Mädchen im Sport
185 Valentin/Schmitt, Lebendige Kirche
186 Wachinger, Gespräche über Schuld
187 Hoffmann-Herreros, Catherine und William Booth
188 Hoffsümmer, Geschichten für Kranke
189 Krenzer, Halte deine Seele in die Sonne
190 Mommertz, Gott undsoweiter
191 Ben-Chorin, Als Gott schwieg
192 Guardini, Die letzten Dinge
193 Gubler, Der Name der Jungfrau war Maria
194 Mieth, Katechese in der Küche
195 Boldt, Johannes vom Kreuz
196 Dormeyer/Hauser, Weltuntergang und Gottesherrschaft
197 Jakobi/Rösch, Sport nach der Lebensmitte
198 Pascal, Die Mitte
199 Schaller, Ja zu meinen Umwegen
200 Gott in dieser Zeit
201 Beinert, Heilender Glaube
202 Hoffmann-Herreros, Matteo Ricci
203 Mertes/Schmidt, Der Jesuitenorden heute
204 Stierli, Ignatius von Loyola

Matthias-Grünewald-Verlag · Mainz